KB187331

〈정자관을 쓴 자화상〉, 도쿄예술대학 미술관 소장.

〈두루마기를 입은 자화상〉, 국립현대미술관 소장.

〈부채를 든 자화상〉, 국립현대미술관 소장.

복원된 원서동 고희동 가옥 내부와 화실.

우리나라 최초의 서양화가
춘곡 고희동

우리나라 최초의 서양화가

춘곡 고희동

김란기 지음

우리나라 최초의 서양화가 고희동 선생의 일대기를 쓰는 일은 결코 쉽지 않았지만 마치 운명처럼 다가왔다. 조선 말 개화적 시각을 가지고 국가를 이끌어 나가고자 했던 사람들을 찾아 나서는 과정에서 고영철을 만났고, 그것을 인연으로 그의 아들 고희동에 대해 좀 더 많은 것을 알게 되었다. 그러던 중 고희동 가옥이 헐려 나갈 위기에 처했다는 이야기를 접했다. 우리나라 현대사에서 중요한 역할을 한 고희동의 생가를 어떻게든 살려내야겠다는 생각에 보전 운동을 펼치면서 고희동의 외손자 이상돈 교수와 연락이 닿았다. 고영철에서 고희동, 이상돈으로 이어지는 인연이 이 책을 출간하게 된 동기가 된 셈이다.

하지만 미술에 대해 별로 아는 바가 없는 나로서는 고희동을 추적하여 그가 살아온 이야기를 모두 다 담아내는 일은 생각만큼 쉽지 않았다. 건축 공부를 하고 문화유산을 연구하며 근대사에 몰입하였지만 그 속의 인물에 대해 쓴다는 것은 만만치 않은 일이다. 건축 관련 인물에 대해 조사를 하고 책으로 펴낸 적은 몇 번 있지만 내 분야가 아닌, 그것도 예술가의 일생을 찾아내고 서술한다는 것은 내겐 과분한 일이었다.

다행히 고희동의 자녀 가운데 유일하게 생존해 계신 막내딸 고계본 여사를 만나 아버지 고희동에 대해 자세히 들을 수 있었다. 찌는 듯한 여름에 시작된 인터뷰는 겨울까지 이어졌다. 인터뷰를 하러 갈 때는 고희동 선생의 인간적인 모습을 만날 수 있다는 설렘과 아직 제대로 조명되지 못한 근대사의 주요 인물을 찾아내야 한다는 생각이 교차했다. 다행히 일본 현지 조사를 마칠 즈음 고계본 여사와의 인터뷰도 마무리할 수 있었다.

고희동의 외손자이자 고계본의 아들인 이상돈 교수를 만나게 된 것은 이 교수가 대운하 반대 교수모임을 활발하게 하고 있을 때였다. 마침 우연치 않게 이 교수의 외증조부 고영철이 견미보빙사의 일원이었음을 언급한 나의 글이 이 교수에게 전달되었고, 그 글을 보고 나에게 연락을 취해 왔다. 이후 고희동 가옥이 복원되자 만나서 함께 가옥을 방문하고 가옥의 보존 관리에 대해 논의하게 되었다.

그 후 종로구청 담당 직원과 이 교수의 연구실을 방문하여 여러 가지 의논을 하게 되고, 이 교수와 함께 다른 예술가들의 생가 혹은 역사관을 방문하여 한국 최초의 서양화가 고희동 가옥을 기념할 만한 일들을 논의하게 되었다.

고희동의 일대기를 쓰면서 가장 걱정이 되었던 것은 고화백의 유학 생활에 대한 것이었다. 그가 한국 최초의 서양화가이며, 서양화를 배우러 간 최초의 해외 유학생인 점을 어떻게 기술할 것인가였다. 과거의 신문 기록이나 전해 내려오는 이야기만으로는 제대로 풀어낼 수 없었다. 그가 유학한 학교에 가서 기록을 조사하고, 그가 공부했던 흔적을 조사하는 일이 기본적으로 이루어져야 한다는 생각이었다. 그러나 막상 도쿄예술대학에서 잘 협조해 줄지, 100년 전의 서류와 흔적을 찾을 수 있을지 장담할 수 없었다.

도쿄의 거리를 헤매며 그의 흔적 찾기 또한 도쿄 생활에 경험이 있다 해도 역시 100년 전의 일인 만큼 역부족을 느끼지 않을 수 없었다. 동경미술학교가 있던 우에노 공원이야 예전에 늘 다니던 곳이었고, 도쿄예술대학도 그 근처의 도쿄문화재연구소를 찾아가는 과정에서 만나기도 했었다.

2013년 2월 초, 처음 도쿄예술대학을 찾아갔을 때는 교정에 들어가 보지도 못하고 돌아올 수밖에 없었다. 입시 기간인데다가 '개인 정보'는 공개할 수 없다면서 직계 가족 증명서 혹은 그에 준하는 서류를 가져오라는 사무처 직원의 냉랭한 목소리를 정문 수위실의 전화기를 통해 듣고 되돌아오는 수밖에 없었다.

막연하기 짝이 없던 100년 전 고희동의 동경 유학 생활의 흔적을 찾기 위한 노력은 의외로 엉뚱한 곳에서 그 돌파구를 찾았다. 한국 목조건축 연구단체인 '목조포럼'에 발표자로 참석한 도쿄예술대학의 우에노 가쓰히사(上野勝久) 교수와 함께 온 이 대학 출신인 조현정 명지대 교수가 일러주었다. 우에노 교수 역시 도쿄예술대학 미술연구과 교수로 동경미술학교 미술사에 깊은 관심을 가지고 있었고, 그의 동료 교수가 옛 동경미술학교의 외국인 유학생에 대한 연구를 하고 있음을 덧붙여 알려주었다. 나는 이미 조현정 교수가 오래전 나에게서 강의를 들은 적이 있고, 그녀가 도쿄예술대학에 유학하였음을 알고 있던 터였다. 문화재 보존 관련 전공을 했지만 혹시나 하여 물어본 것인데 그와 동행한 우에노 교수가 미술연구과 교수라서 관련 정보를 갖고 있었던 것이다.

이리하여 두 번째 고희동 흔적 찾기 도쿄 방문이 2013년 12월에 이루어졌다. 물론 두 번째 방문에서 큰 성과를 얻었다. 이때 일본인 친구 루미코 씨의 도움이 컸다. 혹시 언어 소통에 문제 있을까 하여 그녀에게 동행해 줄 것을 부탁하여 쾌히 승낙을 얻었고, 그녀의 도움으로 어렵지 않게 이야기하고 자료와 기록을 볼 수 있었다. 물론 도쿄예술대학의 기지마 다카야스(木島隆康) 교수와 요시다 치스코(吉田千鶴子) 교수의 도움은 결정적이었다. 이 분들의 협조에 대해서 어찌 단순히 감사 말씀으로만 대신할 수 있겠는가.

고희동의 막내딸 고계본 여사는 고령인데다가 몸이 좋은 편이 아니다. 그럼에도 장시간의 인터뷰에 명랑하고 밝게 응해 주셨다. 이상돈 교수 역시 매우 바쁜 가운데 시간을 내주어 자주 만나고 인터뷰에는 항상 자리를 같이했다. 인터뷰 내용 중 어느 부분은 직접 간추려주기도 했다. 크게 감사드리지 않을 수 없다. 내가 미처 알지 못한 고희동 관련 자료를 찾아내어 좀 더 충실한 일대기가 되도록 도움을 준 에디터출판사에도 감사를 드린다.

이 책은 많은 부분에서 부족하다. 우선 한국 근대 미술 사적인 조명이 필요한데, 그 부분은 더 많은 시간과 논의가 필요하다. 우리나라 최초의 서양화가 고희동의 자리매김이 아직 크게 부족하다. 인간 고희동에 대해서 더 많은 조명이 필요하다. 단순히 최초의 서양화가로서만이 아닌 민족주의자로서 고희동이 재조명되어야 할 것이다. 2015년은 고희동 서거 50주기가 되는 해이다. 반세기 주기를 앞두고 더 많은 논의와 연구, 그리고 한국 근대 미술사에서의 위상이 조명되기를 기대한다.

고계본 여사의 쾌유를 빕니다.
2014년 10월 후암동 인문학 사랑방 '끼데께데'에서
김란기

《춘곡 고희동》 발간에 즈음하여

　내년이면 외조부 춘곡 고희동 화백이 돌아가신 지 반세기가 된다. 외조부는 우리나라 최초의 서양화가로 알려져 있지만 격동의 시대를 살아온 그분의 생애에 대한 기록은 그리 많지 않다. 사정이 그렇게 된 데는 후손들의 책임도 적지 않다. 그런 가운데 지난 2005년 서울대학교 박물관 주관으로 〈춘곡 고희동 40주기 특별전〉이 열리고 도록이 발간되었다. 40주기 사업은 당시 서울대 박물관장이던 김영나 국립중앙박물관장의 노력에 전적으로 힘입은 것으로, 참으로 감사할 따름이다.

40주기 특별전이 있은 후에 외조부와 관련하여 중요한 일이 몇 가지 있었다. 그중 하나가 외조부가 손수 가꾸면서 사셨던 공간이자, 그림 작업을 하시고 서화협회 등 중요한 사회 활동을 이끄셨던 원서동 16번지 '고희동 가옥'이 복원되어 공개된 것이다. 가옥 복원에 애써주신 서울시와 종로구, 그리고 시민단체에 무어라고 감사의 뜻을 표해야 할지 모르겠다. 또한 이 기간 중에 외조부의 부친인 고영철의 영어 학습과 견미보빙사 활동이 비로소 널리 알려졌으니, 이 역시 뜻 깊은 일이 아닐 수 없다.

그럼에도 외조부의 생애에 대한 변변한 단행본이 없어서 평소에 안타깝게 생각했는데, 이번에 김란기 선생의 노력에 힘입어 이렇게 자그마한 책자를 펴내게 되었다. 구한말 우리 역사에 관심이 많은 김란기 선생은 고희동 가옥이 위치한 북촌을 보존하는 시민운동에도 앞장섰으니 무척 고마운 일이다. 특히 김란기 선생은 도쿄 방문 중에 동경미술학교 유학 시절 외조부의 궤적을 보여주는 서신과 사진을 찾아내는 소중한 성과도 이루어냈다.

이 책에는 외조부의 자녀 중 유일한 생존자인 막내딸 고계본의 회고도 담고 있는데, 이를 통해서 해방 전후 시기와 6·25, 그리고 4·19와 5·16을 거치는 동안 외조부가 겪었던 일과 그분의 인간적 면모를 알 수 있다고 생각된다. 집필을 해 주신 저자 김란기 선생의 노고에 재삼 감사드리며, 출판을 맡아주고 또 자료 수집과 원고 정리에도 큰 도움을 준 에디터출판사 측에게도 깊이 감사드린다.

2014년 10월 10일

이상돈(중앙대 명예교수, 고희동의 외손자)

[제2부]
나의 아버지 춘곡 고희동 화백

제1부

우리나라에
서양화의 토대를 마련한 선구자

100년 전 일본 동경미술학교에는 서양화를 배우러 유학 온 한국인 학생이 있었다. 구한말 유력한 역관 집안에서 태어나 한성법어학교에서 프랑스어를 배운 뒤 궁중에서 관리로 근무한 고희동이다. 을사늑약으로 나라가 일본의 보호국으로 전락하자 관료 생활에 회의를 느끼고 새로운 그림의 세계로 인생행로를 바꾼 것이다. 귀국해서는 우리나라 최초의 서양화가로, 일제에 맞선 조선의 범미술 단체의 중심인물로 활동하였다. 광복 후에는 한국화단의 상징적 존재로서 문화계 발전과 민주주의의 토대를 마련하는 데 일생을 바쳤다.

나라 잃은 슬픔,
그림으로 풀다

    고희동(高羲東)은 근대적 서양화 교육을 받은 우리나라 최초의 서양화가이다. 1886년 3월에 태어나서 호를 '춘곡(春谷)'이라 했다. 봄을 맞은 골짜기라는 뜻이다. 그는 서울의 유력한 역관 집안에서 태어나 비교적 유복한 어린 시절을 보냈다. 사형제 중 셋째였던 춘곡은 어린 시절 함경도 고원과 경상도 봉화 군수를 지낸 아버지 고영철(高永喆)의 임지를 따라 다니며 4~5년간 한문 공부를 했다.

    춘곡은 14세 때인 1899년에 아버지의 권유로 근대적 외

〈사진 1〉 옛 프랑스공사관 모습. 조선과 프랑스가 1886년 6월 6일 정식 외교 관계를 맺고 초대 주한 프랑스 공사 프랑시가 1889년 10월 1일 조선 정부로부터 현재 창덕여중 자리를 공사관 부지로 불하받아 건립한 것으로 알려져 있다. 정초석에 'RF1896년'으로 기록되어 있으므로 준공 연도는 1896년으로 판단된다. 고희동은 1905년에 이곳에서 열린 전람회에 서양화를 전시하였다. (위)

〈사진 2〉 한양 도성과 맞닿아 있는 옛 프랑스공사관의 원경. (아래)

국어 교육기관의 하나로 프랑스어를 가르친 한성법어학교(漢城法語學校)에 입학하였다. 외국어 교육의 필요성을 절감한 고종이 1895년 10월에 설립한 이 학교는 대한제국의 재정고문이던 묄렌도르프(Paul George von Möllendorff, 1848~1901, 穆麟德)[1]에 의해 초빙된 에밀 마르텔(Emile Martel, 馬太乙, 1874~1949)이 교관으로 있었다.

한성법어학교는 옛 프랑스공사관(현 서울 창덕여중 내)이 있었던 정동의 마르텔의 집에서 시작하였으나 나중에 육영공원(育英公院)[2] 자리로 옮겼다. 하지만 1906년에 일제 통감부는 외국어학교를 통합하여 한성외국어학교로 만들었다가 국권피탈(한일합병) 직후인 1911년에 완전히 폐지하였다.

---

[1] 1882년에 고종이 청나라 이홍장의 추천으로 초빙한 독일인 언어학자이자 외교관이다. 그는 조선에 들어와서 통리기무아문 참의, 협판, 해관 총세무사를 역임하면서 외교와 세관 업무를 총괄하였다. 목 참판(穆參判) 또는 목인덕(穆麟德)으로 불리었다.

[2] 육영공원은 1886년(고종 23년)에 나라에서 세운 최초의 현대식 학교이다. 미국인 교사를 초빙하여 수학·지리학·외국어·정치 경제학 등을 가르치다가 1894년에 폐지되었다.

고희동은 통합되기 전에 한성법어학교를 다닌 것이며, 이미 이능화(李能和)[3]와 같은 인재도 이 학교에서 프랑스어를 공부했다.

한성법어학교에 다니면서 해마다 학업 우수상을 받는 등 좋은 성적을 올린 고희동은 해군 관비 유학생에 선발되어 영국 유학을 꿈꾸기도 했지만[4] 정부 사정으로 이루어지지는 않았다. 그는 학교를 졸업하기 전인 1904년에 궁내부(宮內府) 광학국(礦學局)[5] 주사(主事)로 취직하여 궁중 내의 프랑스어 통역과 번역 일을 하였다. 그리고 거의 매년 승진을 하여 1908년에는 장례원(掌禮院)[6] 예식관(禮式官)에 오르게 된다.[7] 궁내부는 구한말 왕실에 관한 사무를 맡아보던 관청이었으나 고종은 근대화와 관련된 사무

---

3) 이능화(1869~1943)는 여러 외국어에 능통했던 개화기의 대표적인 지식인이다. 1895년 한성법어학교에 입학해서 프랑스어를 배웠으며, 1906년에는 한성법어학교 교장을 지냈다. 1910년 한일합병 후에 조선사 편찬 및 종교를 비롯한 민족 문화 각 분야에 걸친 연구에 뛰어난 업적을 남겼다.
4) 이구열, '한국 근대 화단의 개척자, 고희동', 〈미술〉(1964. 6)
5) 광산물에 관한 사무를 맡아본 궁내부 산하 관청.
6) 궁중 의식·조회 의례·제사와 모든 능·종친·귀족에 관한 일을 맡아본 궁내부 산하 관청.

〈사진 3〉 평생 부인이 짓고 손질한 한복만 입고 지낸 춘곡 고희동(1956년 사진).

도 궁내부에 배치하여 자신이 직접 통제했다. 서구 사회를 모델로 한 근대화 추진 과정에서 고희동처럼 외국어에 능통한 인재들이 궁내부에서 활동하게 된 것으로 추측된다.

조선과 프랑스는 고희동이 태어난 해이기도 한 1886년에 외교 관계를 맺었으며, 다음 해에 홍종우[8]가 조선에서는 처음으로 프랑스로 유학을 떠났다. 당시 조선은 서구 열강에 의한 문호 개방과 함께 가톨릭 포교도 허용되면서 프랑스인 신부의 설계와 감독으로 약현성당과 명동성당 건축이 시작되었다. 이처럼 국내외적으로 유능한 프랑스어 통역관 양성이 필요한 시기였던 것이다.

---

7) 〈승정원일기〉 고종 41년(1904년) 11월 11일 기사에 "6품 박제황을 시강원 시독관에 임용하고, 고희동을 광학국 주사에 임용하고" 하였다.
   〈순종실록〉 4권, 1910년 8월 19일(양력) 기사에 "장례원 예식관 고희동 등을 정3품으로 승품하라."고 명하였다는 내용이 있다. 이는 일본에 유학 중인 고희동이 관직에 있는 관비 유학생이었음을 보여주는 것이라 할 수 있다.
8) 홍종우(1850~1913)는 서구 선진 사상을 배우기 위해 1890~1893년 프랑스에 유학했고, 1894년에 김옥균을 중국 상해로 유인하여 암살했다. 구한말 수구파 정객으로, 황국협회를 조직하고 보부상을 동원하여 독립협회의 활동을 방해하였다.

한성법어학교에 다니던 어느 날, 고희동은 프랑스어를 가르치는 교사이자 도예가인 레오폴드 레미옹(Léopold Remion)이 자기 스승인 마르텔의 초상을 스케치하는 것을 보고 서양화에 관심을 갖게 되었다. 서양화에 대해 처음으로 가졌던 느낌을 그는 훗날 다음과 같이 회고하였다.

내가 직접 처음 만난 사람으로는 불란서 사람 레미옹이란 사람이었지요. 도자기에 그림을 그리는 사람인데 데생을 주장 많이 하는 걸 봤는데 인물 같은 것을 목탄화로 쓱쓱 그려 내는 걸 처음 보니까 여간 완연한 게 아니야. 그게 그때부터 그와 상종을 하다가 결국은 그에게서 자극을 받아 가지고 동경으로 간 게지요.[9]

사실 고희동은 어릴 때부터 산수화를 즐겨 그렸고, 부친이 봉화 군수를 지낼 때 셋째 아들인 고희동이 그림을

---

9) 고희동, '신문화 들어오던 때', 〈조광〉(1941.6)

잘 그리는 것을 보고 칭찬했다는 이야기가 가족을 통해 전해지고 있다. 그리고 궁내부에 근무하면서 외국인들을 자주 만나다 보니 서양화에 관심을 가지게 되었다고도 전해진다.

을사늑약 체결로 조선이 외교권을 상실하자 부친 고영철은 관직을 그만두었고, 고희동도 빈껍데기나 다름없는 나라의 관리 생활에 회의를 느끼게 된다. 나라 없는 민족의 비애가 가슴속에 사무치기 시작하여 죽을 수도 살 수도 없는 지경에 이른 것을 비분강개하다가 그때 문득 생각한 것이 그림이나 그리고 술이나 마시며 살자는 것이었다. 나라를 잃은 슬픔을 그림으로 해결하려 한 것이다.

이즈음부터 고희동은 오원 장승업의 제자이면서 조선시대 마지막 궁중화가로 당시 화단의 쌍벽을 이루던 심전 안중식과 소림 조석진으로부터 전통 화법을 배우게 되지만[10] 당시 전통 서화의 관습적인 방식에 비판적인 시각을 가지게 되었음을 다음의 회고에서 알 수 있다.

그리한데 얼마 동안을 다니며 보니 그 당시에 그리는 그림들은 모두가 중국인의 고금 화보를 펴놓고 모방하여 가며 어느 분수에 근사하면 제법 성가하였다고 하는 것이며…… 인물을 그린다 하면 중국 고대의 문장 명필 등으로 명성이 후세에 이르기까지 높이 날리는 사람들이니 예를 들면 명필에 왕희지라든지 문장에 도연명이라든지 이태백, 소동파 등등인데 그것도 또한 중국 화가들이 이미 그려서 전해 오는 것을 옮겨 그리는 것뿐이었다. 풍경도 그러하였고 건축물이며 기타 화병, 과실까지도 중국 화보에서 보고 그리는 것이었다.

창작이라는 것은 명칭도 모르고 그저 중국 것만이 용하고 장하다는 것이며 그 범위 바깥을 나가 보려는 생각조차 없었다. 중국이라는 굴레를 잔뜩 쓰고 벗을 줄을 몰랐다. 그리는 사람 즉 화가들만이 그러한 것이 아니라 그림을 요구하는 사

10) 안중식(1861~1919)은 도화서 출신으로, 1881년에 고희동의 부친 고영철, 조석진 등과 함께 관비로 중국 유학을 다녀왔다. 산수·인물·화조를 잘 그렸고, 해서·행서·초서에도 뛰어났다.
조석진(1853~1920)은 조부에게서 그림을 배웠으며, 장승업의 제자이기도 하다. 고종의 초상화를 그렸고, 산수·인물·화조를 잘 그렸다.

람들까지도 중국의 그림을 그려 주어야 좋아하고 "허어! 이 태백이를 그렸군." 하며 자기가 유식층의 인사인 것을 자인하고 만족하게 여기었다. 그 외에 태백인지 동파인지 아무것도 모르는 사람들은 그림과 하등의 관계가 없고 아무런 감흥을 가지지 아니하였다.[11]

11) 고희동, '나와 조선서화협회시대', 〈신천지〉(1954. 2)

서양화 명칭 하나만 알고 입학한
동경미술학교

당시의 전통 서화가 중국 그림의 모방에 불과하며, 우리 그림이라고는 얻어 볼 수가 없다고 생각한 고희동은 24세 되던 해인 1909년에 서양미술을 배우러 일본으로 건너간다. 그런데 특기할 것은 그가 장례원 예식관 직책을 유지한 상태로 유학을 갔다는 사실이다. 공무원 신분을 유지했기 때문에 국가 장학생 성격으로 유학 생활을 시작한 것이다. 그렇다면 그를 관비 유학생으로 선발한 주체가 누구였는지가 관심거리다. 고희동의 부친은 그가

유학을 준비하거나 떠날 때쯤에는 모든 관직을 내려놓았
다고 하였다.

한편 고희동이 관직을 가진 채 유학을 갈 수 있었던 데
에는 당시 대한제국 궁내부 차관 고미야 미호마츠의 도움
이 있었다고도 한다. 고미야 미호마츠는 장인인 스기야마
타카도시가 조슈(長州) 출신이라는 연줄로 1890년 이토
히로부미에게 발탁되어 일본 귀족원 서기관이 되었다. 이
후 이토 히로부미가 조선 통감이 되면서 대한제국 궁내부
차관으로 승진했고, 이토 히로부미가 안중근에게 사살되
고 한일합병이 된 후인 1911년 2월에는 이왕직(李王職)[12]
차관으로 취임한다. 그는 1917년 1월에 퇴직하는데, 그
가 궁내부와 이왕직에 근무하는 동안 고희동에게 많은 도
움을 주었으리라는 것이다. 그러나 고미야 미호마츠가 어
떤 연유로 고희동을 도왔는지는 알 수 없다.

그가 미술 공부를 위해 조선을 떠난 것은 1909년 2월

12) 일제강점기에 조선 왕실의 사무를 맡아본 관청.

15일이었다. 도쿄에 도착하여 동경미술학교(東京美術學校)에 입학한 것은 그해 9월 23일이었다. 그 사이 데생 기초를 익히며 입학을 준비하여 당시 동경미술학교 서양화과 교수 오카다 사부로스케[13], 조교수 후지시마 다케지[14]에게 심사를 받아 서양화과 선과(選科)에 편입하게 되었다.[15]

고희동의 일본 유학 생활에 대해서는 그의 후손들마저 정확히 알지 못한다. 유학 기간 중 경비는 어떻게 조달했으며, 그곳에서의 생활은 어떠했는지에 대해서는 알려진 바가 거의 없다. 고희동의 아버지 대(代)의 정치적 지향은 매우 엇갈렸다. 그의 부친 고영철은 엄격한 민족주의자였지만, 그의 큰아버지 고영희(高永喜)는 철저한 친일파였다. 고영희의 아들로 고희동에게는 사촌형이 되는 고희경

---

13) 오카다 사부로스케(岡田三郎助, 1869~1939)는 프랑스에 유학하여 라파엘 콜랭(Raphael Collin)에게 사사했고, 동경미술학교 교수를 지냈다. 구로다 세이키(黑田淸輝)가 주도하는 백마회에 참가했다.

14) 후지시마 다케지(藤島武二, 1867~1943)는 1896년에 동경미술학교 조교수로 임용되어 프랑스와 이탈리아에 유학했고, 구로다 세이키가 주도하는 백마회에 참가했다.

15) 전은자, 제주대학교박물관 특별연구원, 이중섭미술관 큐레이터, 제민일보 (2009. 11. 30)

(高義敬)은 일제강점기에 부친 고영희로부터 자작(子爵) 지위를 세습했고, 나중에는 백작(伯爵)으로 승급하는 등 2대에 걸쳐서 철저하게 친일 행각을 벌였다.

헤이그 밀사 사건으로 고종이 일본의 강압에 의해 퇴위하고 순종이 왕위에 오른 1907년에 고종과 귀비 엄씨(嚴氏) 사이의 아들이며 순종의 이복동생인 이은(李垠)이 황태자로 책봉된 후 강제로 일본 유학길에 오른다. 그때 고희경은 황태자를 배종하여 황태자의 도쿄 생활을 감시하는 역할을 맡았다. 당시 고영희 부자는 조선에 막대한 부(富)를 축적하고 있었고, 고희경은 도쿄 중심지 황태자 이은의 거소 인근에 가택을 갖고 있었다. 이와 같은 고희동 큰집의 배경을 고려해 볼 때 고희동이 일본 유학 때 어떤 재정적 지원을 받지 않았겠는가 하는 의문이 남는다.

이쯤에서 고희동이 유학한 동경미술학교에 대하여 알아보자. 동경미술학교는 1887년에 도쿄대학교의 전신인 공부대학교(工部大學校)의 공부미술부(工部美術部)를 통합, 개편하여 설립하였다. 일본 최초의 미술 교육기관인 공부미술학교는 공부성의 부속기관으로 1876년에 설치되었다가 1883년에 폐지되었다. 6년 후인 1889년 국립 미술 교육기관으로 동경미술학교가 개교하면서 공부미술학교를 이어받았으나 처음에는 서양화과가 배제되었다. 동경미술학교에 처음 서양화과(양화과)가 설치된 것은 1896년이었고, 고희동은 1909년부터 이 학교에서 서양화 공부를 하게 된 것이다. 동경미술학교는 우에노 공원에 있었다. 고희동이 이 학교에 유학하던 시절의 건물은 관동대지진을 무사히 넘겨 지금도 그대로 남아 있다.

고희동은 처음 몇 달간 동경미술학교의 서양화과 예비과정에서 처음으로 데생의 기초를 익힌 후에 그해 9월에 서양화과 1학년에 입학했다. 서양화니 유화니 하는 명칭만 알 뿐 채색이 무엇인지, 어떻게 그리는 것인지도 알지 못한 상태에서 서양화를 배워 보겠다는 생각만으로 동경미술학교를 찾아갔을 때의 상황을 그는 이렇게 회고한다.

동경에 건너가서 우에노 공원에 있는 미술학교를 찾아가

서 입학할 일을 문의하였더니 대번에 하는 말이 사립연구소에 가서 1년 내지 2년을 지내고 오라는 것이었다. 나는 그 말을 듣고 기대에 너무 어그러져서 여러 가지로 생각을 하여 보니, 학비도 걱정이요 첫째로 학교에 입학을 하여야 모든 것이 되리라고만 알았다. 그때는 대한국인이었다. 나는 당당한 한국인이었다. 그리하여 일본 정부 당국 요로에 청원을 하여 특별 입학을 하여 보기로 하고 문부대신을 찾아가서 처음으로 서양화를 연구하러 왔는데 입학을 허락하지 아니한즉 학비도 곤란하고 소원에 너무 어그러져서 특히 주선하여 주기를 바란다 하였더니, 그의 답이 한국의 학생이 건너오기 시작한 지 20년에 미술학교에 입학한다는 학생은 처음 보는 바이라 하며 가서 기다리라는 것이었다. 그리하여 미술학교에서 나를 특별히 규제 밖에 가입학을 허가하였다.[16]

1911년 한 해 동안 휴학하고, 1915년 4월에 5년 정규

16) 고희동, '화필 생활 50년에', 〈동아일보〉(1959. 1. 5)

〈사진 4〉 고희동이 동경미술학교에서 유학 생활을 하던 시기의 이 건물은 아직도 도쿄예술대학 안에 남아 있다. 그는 이 건물에서 구로다 세이키를 비롯한 여러 교수들에게서 서양화를 배웠다. (위)
〈사진 5〉 고희동의 동경미술학교 시절 데생 수업시간. (아래)

〈사진 6〉〈정자관을 쓴 자화상〉, 도쿄예술대학 소장. (위)
〈사진 7〉〈두루마기를 입은 자화상〉, 과천 국립현대미술관 소장. (아래 왼쪽)
〈사진 8〉〈부채를 든 자화상〉, 과천 국립현대미술관 소장. (아래 오른쪽)

과정을 완전히 마치고 귀국하였다.

고희동의 작품 중에 현재 남아 있는 유화는 세 점의 자화상이다. 그중에서 〈정자관을 쓴 자화상〉은 도쿄예술대학 미술관에 소장되어 있으며, 나머지 두 점은 과천의 국립현대미술관에 소장되어 있다. 국립현대미술관에 소장되어 있는 자화상은 국내에 현존하는 가장 오래된 유화이다.

지금 남아 있는 고희동의 자화상 세 점을 보면 그가 서양화가로서의 역량이 뛰어난 것을 알 수 있다. 국립현대미술관에 소장되어 있는 두 점 중 감색 두루마기를 입은 신식 머리의 자화상은 현재 도쿄예술대학에 보관되어 있는 자화상과 색조가 같은 점으로 미루어 볼 때 시험 삼아 먼저 그렸던 것으로 추측된다. 또 하나의 자화상은 서양 서적이 보이고 유화 풍경의 액자가 걸린 방 안에서 흰 모시 적삼에 누런 삼베 바지를 입고 부채질을 하는 모습으로 보아 미술학교를 졸업하고 돌아와 여름에 그린 것을

알 수 있다. 졸업 때 학교에 제출한 〈정자관을 쓴 자화상〉
은 민족적인 면을 강조한 그림이다. 당시 동경미술학교
에서는 학생들이 졸업할 때 자화상 한 점씩을 학교에 제
출하고 졸업하도록 했는데, 그러한 연유로 현재 동경미
술학교의 후신인 도쿄예술대학에 그의 자화상이 남아 있
는 것이다.

세 점의 자화상에서 공통점은 색채가 매우 밝고 현실감
을 강조했다는 것이다. 특히 실내 좌상의 밝고 투명한 자
주 색조의 분위기는 프랑스 인상파의 영향을 받은 은사의
영향이었음을 알게 해준다. 이렇게 고희동에 의해 처음
시작된 한국의 양화는 당시 일본의 미술 사조인 사실주의
와 서구의 흐름인 인상파의 색채감을 모두 받아들인 셈이
된다.

〈사진 9〉 고희동의 동경미술학교 졸업 사진(맨 뒷줄 오른쪽에서 네 번째). 지도교수였던 구로다 세이키(가운데 줄 중앙), 고희동의 입학을 심사했던 오카다 사부로스케(가운데 줄 오른쪽에서 두 번째)와 후지시마 다케지(가운데 줄 왼쪽에서 두 번째) 교수와 함께 찍었다(1915년 2월 9일 촬영).

100년 후 도쿄에서
서양화 선구자의 자취를 더듬다

고희동의 동경 유학 생활을 알아보기 위해 필자는 두 차례 도쿄예술대학(옛 동경미술학교)을 방문, 조사하였다. 첫 번째가 2013년 2월, 두 번째는 그해 12월이었으며 옛 동경미술학교 유학생에 대한 연구를 하고 있는 요시다 치스코, 기지마 다카야스 교수의 도움이 있었다.

이 조사에서 고희동의 학적부가 존재하지 않는 것이 확인되었다. 1911년 학교에서 일어난 화재로 소실되었기 때문이다. 그러나 그가 졸업한 것은 1915년이니 화재 후에 다시 작성하지 않았을까 하는 의문은 남아 있다. 유학생을 연구하는 요시다 교수는 고희동의 학적부를 찾기 위해 일본 국회도서관과 문부성에서 관련 자료를 조사했지만 찾을 수 없었다고 했다.

그러나 그가 졸업할 때 제출한 〈정자관을 쓴 자화상〉은 학교에서 2시간 거리에 있는 '도리데'[17]에 보관되어 있다고 하였다. 이 작품은 1989년 9월 주한 일본문화원에서 개최한 '동경미술학교 43인의 얼굴전'에 전시된 적이 있다. 도쿄예술대학 미술관에서 그 그림의 사본을 받아올 수 있었다.

고희동이 구로다 교수의 초대를 받아 1915년 4월 3일 졸업을 앞두고 가마쿠라에 있는 구로다 교수 별장에서 같이 점심을 먹고 오후 3시까지 이야기하였다고 쓴 구로다 교수의 일기도 찾을 수 있었다.

17) 도쿄예술대학 미술관의 도리데 관(取手館). 도쿄예술대학의 소장품 수장고를
· 겸하고 있다. 일본 이바라키 현 도리데 시에 있다.

이것은 고희동이 스승 구로다 세이키와는 남다른 친근감을 가졌었고, 스승에 대한 존경심과 조선을 대표하는 유학생으로서의 본분을 다한 것을 나타내는 기록으로 판단된다. 스승에 대한 깍듯한 예우로 졸업을 앞두고 스승을 만나 하직 인사를 하였다는 점에서, 또한 스승 역시 유학생 제자를 별장으로 초대하여 장시간 대화를 나누는 특별한 기회를 가졌음을 보여주는 자료이다.

한편 고희동의 동경 유학 생활에 대해 조사하던 중 고희동이 그의 스승 구로다 세이키에게 보낸 편지가 2013년 12월에 발견되었다. 도쿄문화재연구소가 보관하고 있는 고희동의 편지는 졸업한 지 7년이 지난 뒤에 보낸 것으로, 스승을 방문하고 싶다는 내용이었다.

구로다 교수의 화풍을 그대로 배우고 존경하였던 고희동으로서는 연로한 스승에게 예를 갖추려는 의도에서 한 방문으로 추정할 수 있다. 그는 고희동이 방문하고 2년 뒤에 타계했다.

편지에 적힌 주소는 다음과 같이 아자부 도리이자카(지금의 아자부쥬반 도리이자카)였다. 발신일의 소인은 1922년 8월 16일이었으며, 도쿄의 우체국 소인으로 보인다.

麻布鳥居坂 高伯爵邸留 高義東
(아자부 도리이자카 고백작저유 고희동)

이 서한의 주소지에는 '고백작저유(高伯爵邸留)'라고 하여 자신이 고 백작의 집에 거주하고 있음을 말하고 있다. 필자는 이 고 백작이 누구인가에 주목하였다. 고씨 성을 가진 사람으로 백작 작위를 가졌으며, 그가 이 저택의 주인이라는 것을 뜻하기 때문이다.

우선 고씨 성을 가진 백작은 고희경을 말함을 알 수 있다. 고희경은 고희동의 사촌형으로, 큰아버지 고영희의 아들이다. 고영희는 1910년 일제의 강제 병탄을 찬성한 대가로 일본으로부터 자작 작위와 함께 10만 엔(圓)의 돈을 받은 바 있다. 고희경은 1916년 부친이 사망하자 자작

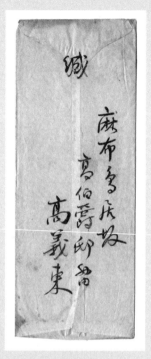
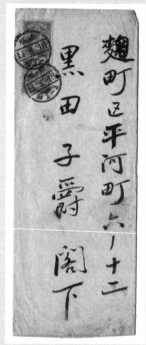

〈사진 10〉 고희동이 그의 스승 구로다 세이키에게 보낸 친필 서한 겉봉의 고희동의 주소. (왼쪽)

〈사진 11〉 고희동의 스승 구로다 세이키의 주소. 구로다 세이키 역시 자작 작위를 가졌다. (오른쪽)

작위를 물려받았다가 1920년 백작으로 승급했다.

고희경은 1907년 이토 히로부미가 고종의 황태자 이은을 일본에 강제 유학시킬 때 배종했던 인물이다. 그는 황태자와 함께 도쿄에 남아 황태자를 보필한 사람 중 가장 고위직이다. 이미 이토 히로부미는 고희경을 동경에 남겨 황태자를 모시게 하는 중책을 맡기기 위해서 고종으로 하여금 그를 동궁대부(東宮大夫)로 승진시키도록 하였다.

황태자와 그의 배종관들은 1907년 12월 7일 제물포를 출발하여 15일 도쿄에 도착하였다. 그러나 아직 거처가 마련되지 않아 도쿄만 해안가의 시바리 궁(芝離宮)으로 가서 50여 일간 머물다가 1908년 2월 9일 도리이자카 저택으로 옮겨가게 된다. 이 저택은 본래 사사키 다카유키 후작의 저택이었는데, 일본 궁내성이 매입하여 대대적인 개수 작업을 하고 있었다. 이렇게 개수한 저택을 '도리이자카고요데이(鳥居坂御用邸)'라고 하여 황태자에게 살도록 한 것이었다. 곧 일본 왕이 황태자 이은에게 하사하여 그 소유권이 이은에게 넘어갔다. 고희경은 황태자 이은을 지근

〈사진 12〉황태자 이은이 기거한 도리이자카고요데이. 고희동은 이곳에 딸린 고희경의 집
에서 잠시 머물며 그의 스승 구로다 세이키를 만나고자 했다.

에서 모실 수 있는 부속 건물에 기거했다. 그러나 황태자 이은이 이방자(마사코)와 결혼을 한 후 아카사카 궁으로 이사를 하게 된다. 1920년의 일이다. 이미 '도리이자카고 요데이'는 이은의 소유가 되었지만 아카사카 궁으로 이사를 갔으므로 고희경이 건물을 관리하고 있었을 것이다.

현재까지 고희동이 일본에서 거주한 곳과 관련하여 나온 것은 이 주소지가 유일하지만, 그가 유학 중 도쿄에 있는 고 백작의 저택에 머물렀는지는 알 수 없다. 이 편지 또한 그가 유학을 마치고 7년이나 지난 뒤 스승을 만나러 도쿄에 갔을 때 썼던 것이기 때문이다. 고희동의 도쿄 유학 생활에 대해서는 추후 좀 더 조사를 거쳐 밝혀져야 할 것이다.

화가의 길, 선각자의 사명
– 귀국 이후 서화협회 활동

1915년 3월 11일자 〈매일신보〉는 고희동이 동경미술
학교를 졸업했다는 뉴스를 사회면 머리기사로 실으면서
'서양화가의 효시'라고 강조했다. 또한 졸업 작품인 〈자매
(姉妹)〉 사진도 크게 싣고는 "조선에서 처음 나는 서양화
가의 그림"이라고 대대적인 보도를 했다. 그럴 만한 뉴스
이자 사건이었다. 우리나라에 '양화가'가 탄생한 사실이
세상에 알려지게 한 〈자매〉그림은 졸업을 앞둔 겨울에 서
울 집에 돌아와 그렸던 것으로 추측되는데, 당시 조선인

들에게 크게 부각된 것은 아니었지만 한국 미술사에서는 큰 사건이 아닐 수 없었다. 최초의 양화 그림인 〈자매〉는 지금 보전되어 있지 않지만 당시의 신문 사진으로 볼 때 그 내용과 기량을 가늠할 수 있다. 모델이 된 한복 치마저고리의 두 처녀는 큰딸 '계계'와 조카딸 '신신'이었다고 전해오고 있다.[18]

그해 8월에도 〈매일신보〉는 "고희동이 모델이 없어 미인화를 그리는 데 어려움을 겪고 있다고 하자, 한 기생이 '전국 미인이 부러워하는 과녁이 되어 보리라.'며 모델을 자청했던 일화로 세인의 관심을 끌었다."고 전했다. 그러나 신문에서 최초의 서양화가로 대서특필한 것과 달리 당시 서양화를 그린다는 것이 얼마나 힘들었는지와 대중들의 서양화에 대한 인식을 그의 회고에서 짐작할 수 있다.

6년 만에 졸업인지 무어인지 종이 한 장을 들고 본국으로

18) 이구열, 《우리 근대미술의 뒷이야기》, 돌베개(2005)

〈사진 13〉 1915년 3월 11일 〈매일신보〉에 실렸던 〈자매〉 그림.

돌아왔다. 전 사회가 그림을 모르는 세상인데 양화를 더군다나 알 까닭도 없고 유채(油彩)를 보면 닭의 똥이라는 둥 냄새가 고약하다는 둥 나체화를 보면 창피하다는 둥 춘화도를 연구하고 왔느냐는 둥 가지각색의 말을 들어가며 세월 보내던 생각을 하면 나 한 사람만이 외로운 고생을 하였다는 것보다 그 당시에 그렇게들 신시대의 신지식과 신사조에 캄캄들 하였던가 하는 생각이 나고…….[19]

양화의 개척자임에도 주위의 냉담함을 이기지 못한 고희동은 1920년에 가서는 양화의 구심점 역할을 포기하고, "사회가 아직도 한국화를 요구하고 있다."고 하면서 전에 배웠던 전통적인 한국화로 바꾼다. 그렇지만 외형만 한국화일 뿐 그 내면의 형식은 양화 기법이었다. 개울가에서 남편이 상체를 드러낸 채 부부가 빨래하는 모습을 그린 〈청계표백(淸溪漂白)〉에 잘 나타나 있다. 한국화를 그

19) 고희동, '화필 생활 50년에', 〈동아일보〉(1959. 1. 5)

릴 때 서양화 기법과 시각을 도입한 것으로, 전통적인 남종산수화(南宗山水畵)의 세계에다 서양화의 색채감이나 명암법을 써서 감각적으로 새로운 회화를 만든 것이라고 할 수 있다. 이러한 시도가 예술적으로 성공했는지 좀 더 두고 연구를 해야겠지만 전통적인 회화에 새로운 시대감각을 맞추려는 노력은 평가되어야 할 부분이다.

고희동은 일본에서 서양화를 배우고 귀국하였으나 이처럼 동양화에서도 손을 떼지 않고 작품 활동을 계속했다. 이러한 사실은 그가 처음부터 자신이 배운 새로운 기법인 서양화와 동양화를 복합시킬 수 있는 방법을 모색하고 있었던 것이 아닐까 하는 추측을 낳기도 한다. 1924년 제4회 서화협회전에는 동양화 작품 10여 점을 출품했고, 제5회에는 서양화를 출품했으며, 다시 동양화 작품을 출품한 제7회 전시 이후로는 동양화로 완전히 돌아섰다.[20]

고희동은 귀국 후 3년이 지난 뒤 서울 종로구 원서동

---

20) 김영나, '전통과 현대의 사이에서: 우리나라의 첫 번째 서양화가 고희동', 《춘곡 고희동 40주기 특별전》, 서울대학교박물관(2005)

16번지로 이사한다. 귀국 직후 살던 집은 수송동 64번지에 있던 99칸 대저택 고루(高樓)였다. 말하자면 고씨 집안의 종가에서 살다가 분가를 하게 된 것이다. 그 저택은 수송보통학교 자리에 있었는데, 지금은 종로구청이 들어와 있다. 다음은 고희동의 외손자 이상돈의 수송동 저택에 관한 말이다.

현 종로구청 자리에 고씨 일가의 대저택이 있었다는 것은 처음 듣습니다. 그게 사실이라면 놀라운 일이네요. 우리는 수송동 가옥이 조계사 쪽으로 내려간 데 있었던 것으로 알고 있었습니다. 거기에 표지석이 있지요. 외조부님이 관비 유학을 갔다고 하면, 그때가 고종 퇴위 후인데 그렇다면 그때 탁지부 대신이던 고영희의 도움이 있었는지, 그 점도 평소에 의문이었어요. 고종황제가 퇴위하고 부친도 관직을 그만두었는데, 나라가 망해 가는 와중에 국가가 미술 유학생을 보낸다는 것도 이상하다고 생각했어요. 혹시 유학 경비를 초기 얼마 동안은 국고에서 대고 그 뒤로는 부친 고영철이 보내지 않았을까, 또는 처음부터 부친이 유학비를 대지 않았겠나 하는 추리도 해 봅니다. 그리고 수송동 가옥이 처분된 뒤 큰집 (고영희)에서 배분한 돈으로 외조부가 원서동 가옥을 구입하신 게 아닌가 추측하고 있답니다. 일본 유학 중 사촌형 고희경과의 관계도 흥미롭습니다. 외조부는 유학 경비 부분에 대해선 자식들에게도 전혀 말을 안 하신 것 같습니다. 듣기에는 고영희, 고희경 부자가 외조부를 친일 쪽으로 회유하려 했으나 말을 듣지 않았다고 합니다. 고영희가 "그놈은 반일 사상이 강해." 했다고 전해집니다. 집안에서 내려오는 이야기입니다.

고희동은 귀국한 뒤 1918년에 근대적인 미술 단체인 서화협회(書畵協會)를 결성하고 조직과 운영에서 큰 활약을 하였다. 고희동은 13명의 동지들을 모아 발기인으로 하였는데, 안중식, 조석진 등을 포함하여 오세창, 김규진, 정대유, 현채, 강진희, 김응원, 정학수, 강필주, 김돈희, 이도영 등이 참가하였다. 초대 회장에는 안중식이 선출되고, 고희동은 총무를 맡았다. 양화 작가도 포함된 서화협회는 식민지 저항 의식에서 출발한 조선의 범미술 단체가 된 것이다.

서화협회는 그 목적을 "신구 서화계의 발전, 동서 미술의 연구, 향학 후진의 교육 및 공중의 고취아상(高趣雅想)을 증장케 함"이라고 했다. 고희동은 분가하자마자 서화협회를 결성하였던 것인데, 그가 이렇게 할 수 있었던 개인적 배경에는 원서동에 자신의 집을 가질 수 있었던 데에도 찾아볼 수 있다. 서화협회를 결성한 다음 해인 1919년 11월에는 고희동은 양화 연구소인 고려화회(高麗畵會)를 종로 YMCA에서 개소해서 제자들을 지도하기도 했다.

서화협회의 결성은 일제의 식민통치에 대항하기 위한 측면이 있었다. 당시 우리나라는 일본에 강제 병합이 된 지 8년이 지나면서 일제의 강권 통치가 극에 달하고 있었다. 이미 일본인 양화 화가들이 조선에 들어와 자리를 잡았으며, 그들은 그들만의 조직인 조선미술가협회를 만들어서 조선 반도의 화단을 그들 구미에 맞도록 이끌어갈 태

세웠다. 이에 민족성이 강한 고희동, 이도영 등은 조선 미술 단체의 필요성을 절감했던 것이다. 서화협회의 창립일은 1918년 6월 16일이었는데, 이들은 '서화협회'란 이름을 지으면서 '미술'이란 말을 배제했다. 미술이란 용어는 일본이 만든 말이기 때문이었다.[21]

서화협회는 일본인의 입회를 배제했지만 친일파는 여러 명이 참여하였다. 협회는 명예 부총재에 김윤식을, 고문에 이완용을 비롯하여 민병석, 김가진, 박기양 등을 두었다. 그것은 총독부의 시퍼런 눈총을 피하는 한편 재정적 고려도 있었던 것으로 보인다.

서화협회는 〈서화협회보(書畵協會報)〉를 발간했고, 서화협회전(협전)을 열었다. 고희동은 이러한 활동에 있어서 결정적인 역할을 했다. 서화협회는 창립과 더불어 곧바로 창립전을 열 계획이었다. 그러나 다음 해에 3·1운동이

---

21) 미술(美術)이라는 용어는 일본이 1873년 오스트리아 빈에서 열린 만국박람회에 출품한 목록에서 처음 사용했다. 독일어의 Kunstgewerbe 또는 Bildende Kunst란 말을 미술이라고 번역하였다고 한다.

일어나고, 회장인 안중식이 사망한데다 회원들이 검거되는 일까지 겹쳐 미루어지다가 1921년에야 중앙학교에서 첫 전시회를 가졌다.

이 협전에는 앞서 세상을 떠난 안중식과 조석진의 유작이 걸렸고, 안평대군과 정선 그리고 김정희의 명품도 걸렸다. 한편 신예 한국화 작가인 김은호, 이상범, 노수현, 최우석의 작품이 선보였으며, 유화로는 일본에 유학한 고희동과 나혜석의 작품이 출품되었다.

서화협회가 전시회를 열자 조선총독부는 본격적으로 견제에 나서기 시작하였다. 총독부의 견제는 바로 그해 조선미술전람회(선전) 규약을 발표하면서 나타나기 시작했다. 총독부는 다음 해인 1922년에 제1회 선전을 개최했다. 그러나 서화협회는 이미 1922년 3월에 보성학교에서 제2회 협전을 개최한 바 있다. 서화협회는 총독부의 견제에 굴하지 않고 1921년 10월에 낸 〈서화협회보〉를 1922년 3월에 이어서 내고, 서화학원을 개설하기도 했다. 서화협회는 민족의식이 높았을뿐더러 작품 제작에도 강한 의욕을 가졌기 때문이었다.

이런 과정을 거치면서 총독부가 주관하는 선전은 식민지 관제 전시회로 재정적 뒷받침에 힘입어 확장해 갔으나 서화협회가 여는 협전은 회원의 이탈과 재정적 어려움으로 인해 작가들의 관심에서 점점 멀어지게 되었다. 물론 투철한 민족의식을 가진 회원들은 선전 참여를 거부하고 협전을 사수하기도 하였다. 1930년에는 역사적인 제10회 협전이 10주년 기념전으로 보성학교에서 개막되었다.

1931년에 협전이 제11회를 맞자 협회는 신인 작품을 공모하여 김기창, 한유동, 장우성, 이여성, 이응로, 이경배, 정용희 등을 작가로 탄생시키기도 했다. 그러나 1936년이 되자 협회의 재정 문제는 더욱 악화되고, 일제의 전쟁 준비는 더욱 강화되어 결국 전시회가 열리지 못하는 상황에 이르렀다. 이로써 고희동이 이끈 서화협회는 종말을 고하였다.

고희동도 조선총독부가 주최한 조선미술전람회 초기에는 작품을 두 번 출품하기도 했으나 곧 그만두었다. 고희동은 서화협회전이 중단된 이후에 총독부가 주관하던 조선미술전람회 출품을 거부하고 별다른 작품 활동을 하지 않았다. 많은 화가들이 일제와 타협해서 훗날 친일 경력 시비에 휘말린 것과는 달랐다.

고희동은 서화협회를 1936년 해산될 때까지 꾸려가면서 민족진영 미술인의 단합에 힘썼다. 그러면서도 중동·휘문·보성 등의 학교에서 서양화를 가르쳐 제자들을 길러내기도 했다. 훗날 정물화와 풍경화로 이름을 날린 도상봉 화백과 소설 〈날개〉를 쓴 이상에게 미술을 지도했으며, 원서동 집의 사랑채에서 미술에 재질이 있는 예닐곱의 중학생들에게 목탄 기법과 석고 데생을 지도하는 등 후진 양성에도 힘썼다.

간송 전형필의
평생 나침반이 된 고희동

　간송 전형필(全鎣弼)은 일제강점기에 우리의 많은 문화
재가 일본으로 유출되는 것을 보며 안타깝게 생각하고 문
화재들을 수집해서 오늘날의 간송미술관을 세웠다. 전형
필이 부친에게서 물려받은 막대한 재산으로 귀중한 문화
재를 수집해서 오늘날까지 보존토록 하게 된 배경에는 고
희동이 있었다. 고희동은 전형필을 오세창에게 소개해서
간송(澗松)이라는 아호를 받도록 하고, 조선의 문화와 역
사를 보존하는 확고한 신념을 심어주었다. 이에 감화된

전형필은 우리 문화재를 수집하는 큰일에 나서게 된 것이다. 이에 대해선 이충렬이 쓴 《간송 전형필》에서 상세히 기술되어 있다.

고희동이 야구부 활동을 하던 전형필을 눈여겨보게 된 것은, 자신에게 그림 지도를 받던 이마동 때문이었다. 훗날 유명 화가가 된 이마동은 같은 반인 전형필과 친하게 지내며 그가 민족과 역사에 관심이 많다는 사실을 알고는 고희동에게 소개한 것이다. 고희동의 투철한 민족의식에 감명받은 전형필은 자주 고희동의 집으로 찾아가 서예와 그림 공부를 청했다. 고희동은 그런 전형필에게 역사와 문화가 왜 중요한지 많은 이야기를 들려주었다. 전형필은 고희동을 존경했고, 일본으로 유학 간 후에도 방학 때면 잊지 않고 들러 인사했다.

"이렇게 중절모를 쓰고 흰 두루마기를 입으니, 제법 애아버지 태가 나는구나. 그래, 광우는 잘 크느냐?"

전형필이 큰절을 하고 앉자 고희동이 장난기 섞인 목소리로 아들 광우의 안부를 물었다.

"예, 스승님. 가을이면 두 돌입니다."

전형필이 쑥스러운 듯 얼굴을 붉히며 대답했다.

"벌써 그렇게 되었구나. 그래, 내년이면 4학년인데, 졸업하면 무엇을 할 생각이냐?"

"스승님도 아시다시피 제가 법대에 간 건 변호사가 되기를 바라는 아버님의 기대를 저버릴 수 없어서였습니다. 그러나 시간이 지날수록 왜놈들 재판정에서 왜놈들이 만든 법을 주워섬기며 변호사가 되는 것이 과연 옳은 일일까 고민스럽습니다."

전형필은 경성에서 대학을 다니며 조선어문학을 공부하고 싶었지만, 아버지 전영기는 호랑이 굴에 들어가야 호랑이를 잡을 수 있다며 법을 공부하라고 강권했다. 효심이 지극한 전형필은 결국 아버지 뜻에 따라 현해탄을 건넜다. 그러나 일본법으로 변호사를 한다는 게 끝내 마음 내키지 않았다.

"그렇다면 가업을 이을 생각을 하고 있는 것이냐?"

"아닙니다, 스승님. 아직 아버님께서 정정하시고, 저는 장사에 관심이 없습니다. 그래서 답답한 마음으로 스승님을 찾아온 것입니다."

"그래, 네 마음이 그렇다면 진로를 결정하기가 쉽지 않겠구나. 나도 그림이나 그리는 사람이라 너의 장래에 대해 조언을 하는 데에 한계가 있고…… 하지만 나는 네가 이 시대를 지키는 선비의 삶을 살아가기를 기대한다."

시대를 지킨다? 전형필은 그 말의 뜻을 정확히 이해하기 어려워 되물었다.

"시대를 지키는 선비의 삶이라 하시면……?"

"그래, 글을 읽으면서 학문을 닦는 선비가 아니라, 조선의 문화를 지키는 선비라는 뜻인데……."

문화를 지킨다니? 전형필은 귀를 세우고 스승의 다음 말을 기다렸다.

"너는 고보 때부터 책 모으는 취미가 있었으니 조선시대 선비들의 서가를 가득 메웠던 책들이 오늘날 어떻게 흩어져 나뒹굴고 있는지 잘 알 게다. 조선시대 만권의 장서가였던 담헌 이하곤은, 책 읽는 즐거움은 그 무엇과도 바꿀 수 없고 죽어서 후손에게 남겨줄 거라곤 책밖에 없다고 했단다. 그러나 왜놈들 세상이 되면서 그의 서재 만권루에 수장되었던 책들은 인사동 고서점에 흘러나왔고, 그중에서도 귀한 책들은 왜놈 학자들 손에 넘어가고 있지 않느냐. 그가 모은 서화 역시 뿔뿔이 흩어지고 있으니 통탄할 일이 아니냐."

고희동은 몹시 안타까운 듯 미간을 찌푸리며 길게 내려온 턱수염을 쓰다듬었다.

"저도 인사동 고서점에서 일본 사람들이 우리 책과 글씨, 그림을 뭉텅이로 사가는 모습을 여러 번 봤습니다."

"그렇다. 그렇게 우리나라의 역사와 문화가 왜놈들 손으로 넘어가고 있는 게야."

그렇다면 고희동이 지켜야 한다고 강조하는 우리 '문화'는 옛 책과 서화를 뜻하는 것일까?

"그래서 네가 대학을 졸업하고 돌아오면, 선조들이 남긴 귀중한 서화와 전적들이 왜놈들 손으로 넘어가지 않게 지키는 선비가 되었으면 하는 게지. 물론 돈이 적잖이 들겠지만, 그렇게 쓰는 돈은 결코 헛되지 않을 것이고……."

고희동은 우락부락한 눈을 치뜨면서 전형필을 바라보았다.

"스승님의 말씀을 깊이 마음에 새기겠습니다. 그러나 제가 무엇을 어떻게 해야 할지는 아직……."

서화와 전적을 지키는 일…… 의미 있는 일일 것이다. 그러나 어떻게 지킬 수 있단 말인가? 막막했다.

"그래, 아무튼 잘 생각해 보거라. 그리고 그 길을 찾고 싶다면 다시 이야기해 보자. 중요한 건 방법이 아니라 너의 마음이니까."[22]

<hr />

22) 이충렬,《간송 전형필》, 김영사(2010)

김환기의 주례를 선 고희동

고희동은 화가 김환기와 변동림의 결혼에 주례를 서서 화제가 되기도 했다. 1944년 5월 1일, 김환기와 변동림은 종로 기독교청년회관(현재 YMCA)에서 결혼식을 올렸는데, 고희동이 주례를 섰고, 정지용과 길진섭이 청첩인으로 사회를 봤다. 김환기와 변동림의 결혼은 예술계의 이변이었다. 김환기는 딸 셋을 가진 이혼남이었고, 변동림은 시인 이상의 미망인이었기 때문이다.[23]

23) 이충렬, 《김환기 전기-어디서 무엇이 되어 다시 만나랴》, 도서출판 유리창(2013)

한국 화단의 상징적 존재 고희동
─광복 후 미술계와 사회 활동

　광복이 되자 고희동은 조선미술건설본부의 중앙위원
장으로서 친일 작가들을 화단에서 배제하는 중심인물로
떠올랐다. 해방 공간에서 생겨난 협회들은 사회 성향이
강한 단체들이었다. 조선미술건설본부는 해방 사흘 후인
8월 18일에 조직된 조선문화건설중앙협의회 산하 단체
로 창설되었으며, 고희동이 위원장을 맡았고, 정현웅이
서기장으로 실무를 담당했다.[24]

　아직은 좌우 대립에 따른 정치색이 드러나기 전이라서

조선미술건설본부에는 후에 좌익으로 분류되는 미술인도 섞여 있었다. 그러나 일제강점기 말기에 친일 활동을 한 김은호, 심형구, 김인승, 김경승, 이상범, 윤효중, 배운성, 송정훈 등은 배제되었다. 조선미술건설본부에는 동양화부, 서양화부, 조각부, 공예부, 아동미술부, 선전미술대가 설치되었다. 동양화부는 노수현, 서양화부는 김주경이 위원장을 맡았으며 185명이 회원으로 참여했다.

조선미술건설본부는 연합군이 들어올 것에 대비하여 연합군 환영을 위한 미국, 영국, 소련, 중국 국가 원수들의 대형 초상화와 국기 그리는 일을 기획했다. 1946년 10월 20일부터 나흘간 덕수궁미술관에서 해방 기념 문화대축전 미술 전람회를 개최했다. 이 전시회를 끝으로 조선미술건설본부는 해체되고, 그해 11월에 조선미술협회가 발족했다. 고희동은 조선미술협회 회장을 맡아서 대한민국 임시정부의 맥을 잇는 비상국민회의를 지지하는 우익

24) 이하의 서술은 〈위키백과〉에 의존했음.

〈사진 14〉 서울 수운회관 앞에서의 고희동(1948년경).

〈사진 15〉 예총장으로 거행된 고희동의 영결식(1965년 10월 26일).

성향을 보이자 임화 등 좌파 계열은 반발하여 떨어져 나갔다.

고희동은 이처럼 해방 후 정국에서 우익 미술계인 조선미술협회를 이끌어갔고, 그러한 공로로 대한민국 정부가 수립된 뒤 제1회 서울시 문화상을 수상했다. 고희동은 또한 그 이듬해 창립된 대한민국미술전람회, 즉 국전(國展)의 운영에 있어서 중추적 역할을 했다. 1953년 대한미술협회 회장으로 뽑혀 사실상 국전을 주도했으며, 제8회 국전까지 한국화 심사부 위원장을 여섯 차례 연임할 정도로 큰 역할을 했다.

고희동은 1948년에 한민당 상임위원이 되어 정치적 관심을 나타내기도 했다. 4·19 혁명으로 장면 정권이 들어서자 신민당에 입당한 뒤 참의원에 당선되어 5·16 전까지 정치 활동을 하다가 1965년 10월 22일 타계하였다.

고희동의 숨결을 느낄 수 있는
원서동 가옥

원서동에 위치한 고희동 가옥은 *그가* 1918년에 직접
설계하여 지은 것이다. 전통가옥 형태를 띤 집채의 구성
이지만 근대적 색채가 진하게 묻어난다. 사랑채, 안채, 행
랑채가 연결되어 튼 ㅁ자형을 이루지만 바깥마당과 안마
당, 그리고 뒷마당이 적절히 배합되어 있다.

고희동 가옥은 사랑채가 남향을, 행랑채는 동향을 하고
있다. 대문은 남쪽에 두지 않고 동쪽에 두어 바깥마당을
통해 드나들게 하였다. 그런데 뒷마당으로 드나드는 작은

문을 둔 것은 안채를 위한 배려로 보인다. 사랑채와 안채를 연결하는 서쪽은 지대가 높은 지형을 이용하였다. 따라서 오히려 창덕궁을 바라볼 수 있도록 동향을 하고 있다. 툇마루에는 유리창을 덧대어 겨울철 보온에 유의하였음을 알 수 있다. 사랑채의 주현관은 눈썹지붕을 덧대어 방풍실을 만들었다.

고희동은 이 집에서 1958년까지 거주했으며, 아들의 사업 실패로 집을 매각하고 종암동 로터리 근처 제기동의 작은 한옥으로 이사했다. 원서동 집을 떠나면서 고희동은 매우 안타까워했다고 전해진다.

오늘 이처럼 보존되고 있는 고희동 가옥이 한때 위기에 처한 적도 있었다. 2002년 이 가옥을 (주)한샘이 매입하여 그 자리에 새 건물을 짓는 재개발을 시도하였던 것이다.

이에 시민단체들이 나서면서 그 보존을 호소하는 시민행동이 이어졌다. 2003년 3월 13일에 방치되어 쓰러져가던 고희동 가옥을 북촌문화포럼(대표 김홍남)이 주최하고

〈사진 16〉 고희동의 원서동 가옥이 복원 공사에 들어가기 전의 방치된 모습. (위)
〈사진 17〉 복원된 원서동 가옥. (아래)

북단협(북촌지역단체협의회)이 참여하여 답사했다. 이어서 '사라져가는 근대 문화유산-고희동 옛집의 운명'이란 주제의 포럼이 안동교회에서 열렸다. 이날 포럼에는 김영나 교수, 김정동 교수가 발제를 하고 토론회가 이어졌다.

김영나 교수는 '춘곡 고희동의 일생'이란 주제로 고희동의 일생을 짚으면서 그의 미술 세계를 정리하였다. 이 자리에서 김 교수는 고희동의 회고를 소개하였다.

"내가 스무 살 때였다. 일본이 우리나라를 보호국으로 만든 지 2년이 되었고 필경 합병의 욕을 당하게 되기 3년 전이었다. 국가의 체모를 말할 수 없게 되었다. 무엇을 하려 해도 할 수가 없게 되었다. 그리하여 이것저것 심중에 있는 것을 청산하여 버리고 그림의 세계와 주국에로 갈 길을 정했다."고 하였다고 전했다. 고희동이 일본으로 미술 유학을 떠나게 된 동기를 일부 보여주는 대목이다.

김 교수는 고희동이 동경미술학교를 졸업하고 귀국하여 총독부가 주최한 조선물산공진회 전시회에 〈가야금 타는 여인〉과 기생 채경을 모델로 한 〈여인상〉을 출품한 바 있다고 하였다. 그런데 이 그림들에 대해 일반들이 몰이해한 반응뿐만 아니라 시비를 거는 일도 있었다고 소개했다. 그러나 고희동은 1918년 서화협회를 조직하여 재정적 어려움 등 난관을 극복하고 1936년까지 15회의 전람회를 이어왔다고도 소개했다. 고희동은 총독부가 주최하는 조선미술전람회에 1회와 3회 두 번 출품하였으나 이후에는 중지하였다고 했다. 이어서 발제에 나선 김정동 교수는 고희동이 1918년 4월 29일 원동(苑洞)에 집 자리를 구했다고 전하고, 그의 나이 69세 때 아들인 고흥찬에게 이 고택의 소유권을 이전하였으며, 그로부터 4년 후에 윤정숙에 넘어갔다고 전했다.

김 교수는 춘곡은 1918년부터 1959년까지 이 집에서 살았다며 이 가옥이 황폐하게 된 것은 서울시 한옥심사위원회의 사려깊지 못한 결정 때문이라며 건축주와 건축가에 의해 상당 부분 훼손되었다고 말했다. 그러나 결국 시민단체 등의 보존 여론에 밀려 철거 위기를 모면하고 있다고 지적하였다.

〈사진 18〉 2011년 당시 복원 공사가 마무리되어 가는 고희동 가옥의 사랑채는 고희동 생전의 모습을 가늠할 수 있는 공간 배치가 보인다. 마당의 한쪽에 서 있는 은행나무는 그 당시부터 있었던 것으로 여겨진다.

이날 이어진 토론회에는 강찬석(문화연대 문화유산위원장), 김정동(목원대학교 교수), 송인호(서울시립대 교수), 한병용(서울시 한옥보존팀 팀장), 황두진(황두진건축 대표)가 참석한 가운데 김홍남(이화여대 교수)의 사회로 진행되었다. 이 토론에서 혹시 고희동에게서 친일 흔적이 있었는가에 대한 의문이 제기되기도 했지만, 가옥의 지번과 변천에 대한 논의로 이어졌다.

한편 이보다 앞서 2003년 1월 28일에는 여러 시민단체가 연합하여 고희동 가옥 보존 촉구 기자회견을 한 바 있는데, 당시의 상황을 홍성태 교수는 이렇게 쓰고 있다.

2002년 가을에 창덕궁 옆 원서동의 한 한옥이 헐려 사라지게 된다는 사실이 알려졌다. 곧 이 집을 지키기 위해 여러 사람들이 모였다. 이 집은 이 나라 최초의 서양화가로 알려진 고희동이 수십 년간 살았던 곳이다. 일제 초기에 지어진 한옥으로 일본식이 부분적으로 채용된 집이다. 그런데 이런 집을 부숴 버리고 그곳에 멋진 현대식 건물을 짓겠다는 계획이 발표되었던 것이다. (주)한샘이 그 건축주이고, 김석철이 그 건축가이다. 김석철은 일본식을 채용한 변형된 한옥이고, 상태가 좋지 않아 보존할 가치가 없다고 주장한다. 고희동이 오랫동안 살았던 집이라는 것은 알고 있지만 그렇다고 해서 건축적으로 보잘것없는 집을 보존할 필요는 없다고 주장한다.

2003년 1월 28일, 고희동 가옥의 보존을 추진하는 사람들이 이 집 앞에 모였다. 기자회견을 하기 위해서였다. 원래 집 앞의 골목길에서 기자회견을 하려고 했으나, 기자들이 안으로 들어가서 하는 게 좋겠다고 해서 안으로 들어갔다. 밖에서 보아도 좋지만, 안에서 보니 더 멋진 집이었다. 이 집을 없애는 것은 분명히 역사와 문화를 없애는 것이라는 생각이 절로 들었다. 이 집을 없애는 것은 고희동이라는 인물의 삶과 어우러져 있는 역사적 장소를 없애는 것일 뿐만 아니라 창덕궁과 조화를 이루고 있는 전통적 건축 공간을 없애는 것이기도 하다. 어떻게 이런 집을 부숴 없애고 그 자리에 현대식 건물을 짓겠다는 생각을 할 수 있는 것인지, 상식적으로

〈사진 19〉 시민단체의 고희동 가옥 보존 촉구 기자회견(〈공간〉 2003년 4월호).

는 도무지 이해하기 어려운 발상이라고 하지 않을 수 없다. 하긴 김석철이라는 사람은 워낙 '파격'적인 거창한 토목사업들을 벌여야 한다고 목소리를 높여대는 사람이니 상식으로 이해하려고 해서는 안 될지도 모르겠다.

고희동 가옥은 상태가 좋지 않다. 그러나 그렇다고 해서 부숴야 한다는 것은 옳지 않다. 오히려 바로 그렇기 때문에 더욱 더 보존을 서둘러야 한다. 고희동이라는 인물을 떠올리고 북촌의 멋을 느낄 수 있는 곳으로 다시 태어나야 한다. 예컨대 '북촌문화관'과 같은 곳으로 사용될 수 있을 것이다.

이런 반대 운동이 일어난 후 2003년 4월 21일 서울시는 이 가옥을 12억 원에 매입했다고 발표하였다. 시민단체의 운동에 따라 서울시가 나서서 매입하게 된 것이다. 그리고 2004년 9월 4일 등록문화재 제84호로 지정되었다.

고희동 가옥은 설계도에 따라 거의 새로 짓는 수준의 복원 작업을 거쳐서 2012년 11월에 정식으로 준공식을

가졌다. 현재 고희동 가옥은 종로구청이 관리하면서 일반
인에게 무료로 공개하고 있다.

구한말 신지식인,
고희동의 부친 고영철

고희동은 고영철의 삼남이다. 그러면 고희동의 부친 고영철은 누구인가? 그가 살았던 조선 말기, 이른바 구한말이라고 칭하는 시대로 돌아가 보자.

1882년 5월 22일 조선은 미국과 수호통상조약을 체결하여 외교 관계를 맺게 되었다. 다음 해 5월에는 초대 미국 전권공사 푸드가 입국하여 비준서를 교환하게 되자 미국이란 어떤 나라인지 알기 위해 고종의 친서를 들고 미국을 방문한 사람들이 있었다. 그들이 '견미사절단(遺美使

節團)' 혹은 '보빙사(報聘使)'라 불리는 '견미조선보빙사(遣美朝鮮報聘使)'이다. 1883년 7월 15일(음력 6월 2일) 이른 아침에 미국을 향해 출발한 이들은 전권대신 민영익, 부대신 홍영식, 종사관 서광범 등이 주요 인물이었고, 수행원으로는 유길준, 최경석, 변수, 고영철, 현광택, 중국인 오례당(吳禮堂) 등이었다.[25] 여기에 나오는 고영철이 바로 고희동의 부친이다.

1883년 7월 26일, 사절단을 태운 선박은 제물포를 떠나 일본의 나가사키와 요코하마를 거쳐 샌프란시스코로 향했다. 이들은 9월 2일이 되어서야 샌프란시스코에 도착했다. 그들은 샌프란시스코를 시찰하고 시카고에 도착해서 마천루 같은 건축물들로 발전된 근대도시를 시찰한다. 이어서 워싱턴으로 가서 미국 제21대 대통령 체스터 아서(Chester A. Arthur)를 예방할 준비를 한다. 이들 보빙사 일행이 워싱턴에 도착했을 때 아서 대통령은 뉴욕에

25) 이승원, 《세계로 떠난 조선의 지식인들》, 휴머니스트(2009)

〈사진 20〉 샌프란시스코 팰리스호텔에서 촬영한 보빙사. 뒷줄 오른쪽에서 두 번째가 고영철, 세 번째가 유길준, 그 왼쪽은 로웰의 일본인 비서 미야오카이다. 앞줄 왼쪽에서 첫 번째가 로웰, 오른쪽 끝은 중국인 오례당이다.

가고 없어서 먼저 보스턴을 시찰한다. 그러면서 대통령으로부터 연락이 오기를 기다리던 중 그들은 뉴욕으로 와서 대통령을 예방하라는 연락을 받는다.

1883년 9월 18일 아침, 대조선국 견미사절단은 '대아비리가(大亞非里加, America)' 대통령을 예방하였다. 사절단 일행은 아침 일찍부터 문답 연습을 하는 등 대통령 예방을 위한 준비를 열심히 하였다. 그들은 지난 밤 잠도 제대로 자지 못했다. 조선의 '특별사절단'은 오전 11시 민영익을 선두로 홍영식, 서광범, 로웰, 유길준, 변수, 고영철의 순서로 한 줄로 복도를 걸어 대통령 접견실 앞에 섰다. 접견실 문 바로 앞 넓은 홀에 이르자 사절단 일행은 대통령을 향해 옆으로 일렬로 섰다. 민영익의 신호와 함께 그들은 일제히 무릎을 꿇고 앉더니 손을 머리 위에 올린 다음 그들의 이마가 마룻바닥에 닿을 때까지 천천히 몸을 굽혔다. 이런 자세로 얼마 동안 있다가 몸을 일으켜 방 안에 들어갔다.

— 〈뉴욕헤럴드〉, 1883년 9월 19일

또 주간신문인 〈프랭크 레슬리즈〉는 9월 29일 보도에서 "……방에 들어오기에 앞서 복도에서 코리언들은 손을 모아 나직이 읍하였다. 이어서 민영익 전권대신, 홍영식 부대신, 서광범 종사관, 외무서기관인 퍼시벌 로웰 등이 다른 5명의 수행원들과 함께 방 안에 들어왔다. 한 줄로 줄지어 들어온 그들은 문 안에 들어서자마자 이번에는 무릎을 꿇고 엎드려 큰절을 했다."라고 썼다.

고영철은 대통령을 예방하기 전 청색 단령(團領)을 입고 있었다고 〈뉴욕헤럴드〉는 전한다. 이 신문은 유길준은 녹색 도포를 입었고, 변수는 검정색 단령을 입었다고도 보도했다. 사절단은 뉴욕과 워싱턴을 시찰하면서 미국 정부 관료와 군인들, 그리고 상인들의 안내와 융숭한 대접을 받는다.

이들은 미국행 임무를 마치고 부대신 홍영식은 최경석, 오례당, 로웰 등을 대동하고 1883년 12월 20일 귀국했다. 그러나 고영철은 민영익, 서광범, 변수, 포크 등과 함

〈사진 21〉 보빙사는 조선의 전통적인 인사법인 큰절로 아서 대통령을 예방하였다. 당시 가장 인기 있었던 주간신문 〈프랭크 레슬리즈〉 9월 29일자 보도이다.

께 유럽을 거쳐 서구의 신문물을 직접 관찰하였다. 유길준은 미국에 남아 유학생이 되었다.[26]

　고영철에 대한 다른 기록은 다음과 같다. "고영철은 한국 최초의 서양화가 고희동의 부친이다. 고영철의 형은 고영희인데, 구한말 신사유람단의 수행원으로 일본에 다녀왔고 탁지부 대신을 지냈으며 한일합병 조약 체결에 협조한 친일파로 정미칠적, 경술국적에 오른 인물이다. 그의 장남은 고희경인데, 부친의 자작 작위를 세습하고 일제에 협력한 공으로 백작으로 승급하였다. 고희경은 일제가 준 하사금을 토대로 사업을 벌여 조선 최대의 현금 부자로 알려지기도 했다."

　고영철은 친형의 회유에도 불구하고 을사늑약 후 관직에서 물러났으며, 1911년 타계하였다.

---

26) 허경진, '조선 후기 신지식인 한양의 中人들(45)-세계 일주 나선 역관들', 〈서울신문〉(2007. 11. 5)

고영철에 대해서 한국학중앙연구원이 펴낸 〈한국민족
문화대백과〉는 다음과 같이 소개하고 있다.

고영철은 우리나라 최초의 신문인 〈한성순보〉가 창간될
때에 편집 실무를 맡았던 사람이다. 1881년 군기(軍器) 제조
하는 법을 배우기 위해 영선사 김윤식을 따라 청나라 천진에
갔었다. 김윤식 일행이 중국에 간 것은 개항 이래 일본과 서
양의 한반도 진출을 우려한 고종이 중국과 서양 각국의 문물
과 제도를 배워오도록 했기 때문이었다. 이때 조선에서 간
학도는 모두 25명이었는데, 이 가운데 7명이 어학을 배우기
위해 수사국(水師局)에 있는 중서학당(中西學堂)에 입학시험을
치렀다. 고영철은 이들 응시자 가운데 합격한 3명 중에 한
명이었다. 시험 과목은 양음(洋音)의 발음과 〈좌전(左傳)〉 읽는
법 등이었다. 그러나 합격자 가운데 두 사람은 곧 자퇴하였
고, 고영철만 끝까지 남아서 주로 영어 공부에 주력하였으며
재능이 있는 것으로 평가받았다 한다. 〈한성순보〉는 1883년
10월 31일에 창간되었는데, 그때 〈한성순보〉를 발행하던 통

리아문 박문국의 주사로 신문 편집에 참여하였다. 순보의 내용은 상해에서 발행된 중국 신문 〈신보(申報)〉와 〈호보(滬報)〉에서 전재한 것이 많았는데, '고영철은 중국에서 영어를 배웠고, 한문과 중국어도 공부했을 것이므로 신문을 만드는 일에 적격이었을 것이다.'라고 기록하고 있다. 따라서 그가 보빙사의 수행원으로 갈 수 있었던 것은 중국에서 배운 영어를 잘 했기 때문으로 판단된다.

고영철에 대한 또 다른 기록은 고영철이 중국 천진에서 영어를 배운 경험을 바탕으로 1883년 보빙사의 일원으로 선발되었다고 하였다.

1883년 5월 22일 조미조약의 비준서가 서울에서 교환되자 통리아문 협판 민영익을 전권대신으로 하는 보빙사 일행 9명이 7월 26일 모노카시(Monoccacy) 호 편으로 제물포를 떠난 뒤, 도쿄에서 외국인 2명을 초빙하여 8월 18일 상선 아라빅(Arabic) 호 편으로 요코하마를 떠나서 9월 2일 샌프란시스코에 도착했다. 일행 중 조선인으로서 영어를 조금이라도 알던 사람은 고영철뿐이었다. 당소의(唐紹儀) 등과 함께 조선에 와서 인천세무사의 방판으로 있던 청국인 오례당이 영어와 스페인어를 잘하여 청국어 통역관인 고영철과 오례당을 활용하는 3각 통역망도 구성될 수 있었다. 그러나 오례당은 통역관으로 초빙된 것이 아니어서 모든 의사소통은 민영익의 말을 유길준이 일본말로 일본인 미야오카에게 전하면 그가 영어로 로웰에게 옮기는 4각 통역망으로 언어 장벽을 해소하였다.[27]

물론 고영철의 영어 실력이 미국인과 소통하기엔 충분하지 못했다. 그러나 '우리나라 최초의 체계적인 영어 학습자'인 고영철은 우리나라 최초의 영어학교인 동문학 주사를 지내면서 우리나라에 영어를 전파하는 데 기여했다. 미국에 다녀온 후 다른 일행들이 대부분 갑신정변에 참여한 것과 달리 고영철은 하급 관리로 생활하다가 고원 군

27) 김영철, '근대 풍경-우리나라 첫 영어학습자, 고영철과 윤치호', 《영어의 한국 상륙사(22)》, 김영철, 《영어 조선을 깨우다 1·2》, 일리(2012)

수와 봉화 군수를 끝으로 퇴직한 후 조용한 삶을 살았다고 전해진다.

고영철의 집안은 명문 역관 집안이었다. 중국어 역관 고진풍(高鎭豊)의 네 아들 고영주, 고영선, 고영희, 고영철이 모두 역과에 합격해 역관으로 활동하였다. 고영희만 일본어 역관이었고, 나머지 세 사람은 모두 중국어 역관이었다. 고영철의 형 고영희는 법부대신과 탁지부대신을 지냈다. 고영희의 아들 고희경은 삼촌 고영철의 추천으로 1896년 육영공원에 입학했다. 알렌에 이어 에비슨이 고종의 서양인 전의에 임명되자, 고종의 통역관에 새로 임명된 고희경은 영어를 익히기 위해 에비슨을 방문할 정도로 영어 학습에 적극적이었다. 그는 훗날 황태자 이은이 일본 유학을 가자 수행해서 일본에 오래 머물렀고, 이때 이재에 눈을 떠서 벼락부자가 된 것은 앞에서도 언급하였다.

고영철과 그의 형 고영희, 그리고 고희동과 그의 사촌형 고희경을 중심으로 한 고씨 집안은 한국 근대사에서

명암이 엇갈린다. 민족 사상과 친일 행적이 극명하게 대
조되고 있기 때문이다.

제2부

나의 아버지
춘곡 고희동 화백

2013년 7월 25일, 한여름 더위가 시작되는 계절에 필자는 경기도 광주시 오포 산자락 아래 아파트에 살고 있는 고희동의 막내딸(4녀) 고계본(高癸本, 85세)을 찾았다. 막내딸이 기억하는 고희동의 삶과 인간적인 면모에 대해 듣기 위해서 였다.

〈사진 22〉 고희동이 수선화를 기르던 받침대에 화초를 가꾸면서 아버지를 추억하는 막 내딸 고계본.

창씨개명[28]을 거부한 고희동

"바로 윗언니는 여덟 살 위이고, 그 위의 언니도 그만 큼 위예요. 그 중간에 또 언니가 있었는데 일찍 돌아갔어요. 오빠하고는 20년 차이이고, 큰언니는 거의 시어머니 또래였어요. 큰언니의 넷째 아이가 나하고 동갑이었으니까……."

28) 일제가 강제로 우리나라 사람의 성을 일본식으로 고치게 한 일.

고희동의 가족 관계를 알아보고자 꺼낸 말에 고계본은 이처럼 대답한다. 아버지 고희동을 회고하는 막내딸은 맏언니가 시어머니 또래였다고 말한다. 고희동을 중심으로 그의 가계를 살펴보면 고영철의 3남이 고희동이고, 그의 부인은 조(趙)씨이다. 그리고 그의 큰아버지가 고영희이다. 고희경은 고영희의 아들로 고희동의 사촌형이 된다. 고희동의 친동생으로 고희승(高義升)이 있다. 고희동은 장남을 가운데 두고 위로 장녀와 2녀, 아래로 3녀와 4녀를 두었다.

고계본은 부친의 결혼에 대해서는 정확한 연도나 나이를 짚어내지 못하면서 "옛날에는 다들 열 몇 살에 결혼을 했다."며 "일본 유학 가기 전 열대여섯 때 결혼을 하셨다."고 말한다. 이것은 기록에서도 확인된다. 고희동은 1901년 열여섯 나이에 당시 열일곱인 조씨와 결혼을 한 것이다.

"그 당시 우리 집안은 창씨(創氏)를 안했어요. 제가 경기고녀 입학시험을 본다니까 아버지도 걱정은 되셨나 봐

〈사진 23〉 고희동의 아들 내외와 딸들(뒷줄 왼쪽이 막내딸 고계본). 1962년 봄 고희동의 부인이 세상을 떠나고 얼마 지나지 않았을 때이다.

요. 시험을 보고 난 뒤 어머니는 떨어지면 어떻게 하느냐 걱정하시다가 나중에 지쳐서 말도 안 하시고…… 온 집안이 살얼음판 같았어요. 당시 여자들은 교육을 거의 안 받았잖아요. 그런데 내가 경기고녀에 가겠다니까 식구들이 붙기를 기원하고 그랬어요."

고희동의 자녀 4녀1남 중 지금은 막내딸만 생존해 있다. 고희동이 이 막내딸을 고등여학교에 보낼 때는 일제가 태평양전쟁을 준비하면서 국내 탄압을 가중시키고 있던 1941년이었다. 그런데 막내딸이 상급학교에 입학하려는데 고희동의 창씨개명 거부가 걸림돌이 되었다는 것이다.

일본에서 유학까지 한 고희동은 왜 창씨개명을 거부했을까? 외국에서 유학을 한 사람들은 귀국 후 대개는 유학한 나라에 대해 호감을 가진다. 예를 들어 미국 유학을 한 사람은 친미 성향을, 일본에서 유학한 사람은 친일 성향을 나타낸다. 그런데 고희동은 일본에서 짧지 않은 5년을 유학하면서 우리나라 최초의 서양화가로서 교육을 받았고, 그의 스승도 근대 일본에서 가장 유명한 인물이었는데 어째서 친일 성향을 나타내지 않은 걸까?

막내딸의 증언은 계속된다.

"창씨개명을 하지 않고도 용케 붙어서 아무 탈 없이 학교를 다니게 되었어요. 그런데 그 당시 경기고녀에서 학교 운동장에 스탠드를 설치하는 공사를 했어요. 일제 때에는 학생들 사열 같은 것을 많이 했잖아요. 앉아서 학생들 사열하는 것을 참관할 수 있는 스탠드를 만들겠다는 거였어요. 그런 일이 있으면 학부형들한테 기부금을 조금씩 받곤 했어요. 학교에서 기부금 납부 통지가 왔는데, 아버지가 돈이 없으신 것을 제가 잘 알고 있었지요.

그런데 그것을 선뜻 내주시더라고요. 자식이 너무 신통해서인지 모르지만 학교에서 정해 준 할당액을 내주셨어요. 나한테 고마운 생각으로 하신 거지요. 당신이 창씨를 하지 않아서 딸이 떨어졌다는 소리를 듣게 될까 봐 걱정하셨는데, 합격했으니까 참 기쁘셨던가 봐요. 그래서 적지 않은 돈이지만 흔쾌히 학교에 내신 것 같아요."

2000년대 초 미국대사관이 옛 경기여자고등학교 터에 직원 아파트를 건립하려고 했다. 대한제국 시절 덕수궁 선원전이 있던 바로 그 땅에 경기여고가 있었다. 시민단체와 국민들의 반대로 결국 미국대사관은 그 터에 직원 아파트를 건립하려던 계획을 포기했다.

경기여자고등학교의 기원은 1908년 4월에 설립된 한성고등여학교(漢城高等女學校)이다. 이 학교는 우리나라 최초의 여성 교육기관이었다. 나라의 표준이 될 여학교를 직접 만들어야 한다는 여론이 비등하자 1908년에 정부가 '고등여학교령'을 마련했고, 이에 따라 최초의 관립 여자 교육기관으로 문을 연 것이다.

지금의 서울 도렴동에 공조(工曹)[29]가 쓰던 한옥 건물에 학교가 들어섰다. 2년제 예과와 3년제 본과를 두어 5년간의 교육과정을 마쳐야 졸업할 수 있었으며, 교사(조선인 4

명. 일본인 3명)가 초빙되었다. 이후 1911년 '조선교육령'에 따라 한성고등여학교는 경성여자고등보통학교로 이름이 바뀌고, 다음 해에는 별과와 기예과를 신설하였다. 1938년 제3차 '조선교육령'에 의해 경기공립고등여학교로 이름이 바뀌었다. 해방 후인 1947년 경기여자중학교(6년제)가 되었다가 1951년 경기여자중학교와 경기여자고등학교로 분리되었다.

도렴동에서 출발한 교사도 1922년 재동(현 헌법재판소 자리)을 거쳐 1945년 정동으로 이전했으며, 1988년에는 개포동으로 다시 옮겼다. 1911년 2월에 31명의 제1회 졸업생을 배출한 이후 최근까지 경기여고가 배출한 졸업생은 4만여 명에 이른다. 재동의 경기고녀 자리에는 창덕여고가 들어왔다가 1989년 그 자리에 헌법재판소가 들어왔다.

그러므로 고희동의 막내딸 고계본은 재동에 있던 경기

---

29) 조선시대에 산림·소택·공장·건축·도요공·야금공장 등에 관한 일을 맡아보던 관청이다. 고종 31년(1894년)에 공조를 폐지하고 공무아문(工務衙門)을 창설하였다가 이듬해에 농상아문과 합하여 농상공부로 고쳤다.

고녀를 졸업한 것이다. 1945년에 학교를 정동으로 이전했으니까 재동에서 졸업한 마지막 졸업생이었다. 지금도 재동의 헌법재판소 안에는 경기고녀 시절에 서 있던 백송나무가 꿋꿋하게 남아 있다.

고희동 막내딸의 재동 경기고녀에 관한 이야기는 좀 더 계속된다.

"우리 딸이 정동 경기여고를 나왔는데, 61회예요. 그런데 정동 졸업생들은 재동 학교를 잘 모르지요. 재동은 우리까지 알아요. 재동 시절 겨울에는 밤색 스웨터에 그린색 리본을 맺어요. 그 후에는 일반 교복이었어요. 밤색 스웨터에 그린색 타이는 우리가 마지막이었지요."

고계본은 재동 시절 경기고녀와 아버지 고희동에 대해 이야기를 이어간다.

"처음 설립할 때는 한 학년에 몇 사람밖에 없었을 거예요. 그런데 우리 때는 165명이 들어갔어요. 졸업할 때는 조금 숫자가 적었지요. 그때는 전국에서 수재들이 모여들었어요. 유학 오는 거예요. 그래서 기숙사가 있었어요. 그 기숙사 이름이 백송료였어요. 나는 원서동 집에서 학교를 다녔는데, 오른쪽으로 올라가서 중앙고보 앞을 지나서 또 한 번 언덕을 넘어가고 그 다음에는 내리막길을 지나 학교를 갔어요. 지금으로 말하면 북촌을 통과해서 다닌 거지요. 경기여고라 하면 재동이 더 역사가 깊어요. 내가 35회이니까 지금은 한 80회는 넘었을 거예요."

이 대목에서 필자는 한 가지 질문을 한다. 고희동이 유학을 마치고 귀국한 직후 원서동 집을 손수 지었다는 사실 때문이다.

"고희동 선생님이 원서동에 사실 때 그 주변의 몇 학교에 미술 선생님으로 나가셨다고 했거든요. 중앙, 휘문, 중동, 보성, 이렇게 4개 학교이더군요. 그런데 다른 분의 글에는 원서동에 사립 미술연구소가 생겼다는 이야기가 있습니다. 원서동에 최초로 그런 것이 생겼다는 겁니다. 그 글을 보면 사랑방에서 석고 데생을 지도한 최초의 양화연구소라고 했어요. 중앙, 휘문, 중동, 보성 4개 학교 제자 6 ~7명이 와서 목탄 석고 데생을 했다고 그랬습니다. 그런 사실을 1954년 월간 〈신천지〉 2월호에 기고한 회고에서 밝혔다고 그러는데, 혹시 기억나세요?"

고계본은 당시를 어렵사리 회상하더니 다소 흥분된 어조로 대답한다.

"학교에 나가시는 것을 내가 직접 본 기억은 잘 안 나요. 나중에 이야기를 들었어요. 다만 소학교 다니기 전인지 소학교 1, 2학년 때인지는 몰라도 휘문학교에서 무슨 전시회가 있다고 해서 뛰어 내려가서 보고 온 적은 있어요. 그때 '우리 아버지가 미술을 이렇게 가르치고 계시는구나.' 생각했어요. 보통 화가들은 방에서 자기 그림만 그리고 그러는데 그것보다는 후학 양성, 말하자면 미술 보급 쪽에 더 정열을 기울이신 것 같다고 느꼈어요. 서화협회도 창립하시고, 또 소규모라도 전시회를 하시고, '안방 서당'을 열어서 사람들이 오면 모여서 의논도 하시고 그 랬던 것 같아요. 휘문학교에서 전시회를 한 것은 어느 해 인지 모르지만, 당시 그 학교는 원서동 길가에 있었어요. 지금 현대 사옥 자리예요."

고희동이 집 근처의 사립학교에 도화(圖畵) 교사로 나갔던 이야기는 별도로 다루어질 것이고, 막내딸의 기억을 통해서 그러한 사실을 확인한 것이다. 고계본은 복원된 '고희동 가옥'에 대해 언급하기 시작한다.

"복원해 놓은 원서동 집을 가서 보고 조금 의아하게 생각한 게 있어요. 고희동 화백의 집이라고 하면 집 자체도 의미가 있겠지만, 그림 그리시던 화실이 제일 중요한 거 아니에요? 그런데 화실을 조금 이상스럽게 해놓았더군

〈사진 24〉 복원된 원서동 고희동 가옥의 화실.

요. 뒤로 돌아서 거실처럼 만든 방이 큰 방이고, 거기에 붙은 온돌방은 침실인데, 거기서도 소소한 것은 그리셨어요. 큰 방은 화실인데, 그 화실을 지어서 아주 즐거워하셨어요. 거기에 사람들이 많이 오시고 주흥(酒興)도 많이 있었어요. 정말 당신이 평생소원을 이룬 것 같았던 공간이었죠. 하지만 복원한 집을 가 보니까 화실 모습이 좀 낯설었어요. 옛날에 쓰시던 화실 같은 면모가 있었으면 좋을 뻔 했어요. 그게 아쉬움이지요."

그렇지만 자신을 포함한 후손들이 불비했던 점을 잊지 않고 인정한다. 그러면서 자신도 그 화실에 대하여 큰 애정을 가지고 있었음도 감추지 않는다.

"솔직히 얘기하면 우리 자손들에게도 이렇다 할 유품이 없어요. 당신이 사용하셨던 화구 같은 것도 가지고 있는 게 없어요. 그리고 그나마 유품을 가지고 있을 만한 장조카 고중청(고희동의 장손)이 근래에 미국에서 세상을

〈사진 25〉 고희동은 원서동 집 화실에서 친하게 지내던 이들과 어울려 술을 마시면서 그림을 그려 교환했다.

떴어요. 그러니 이렇다 할 유품이 없어요. 하지만 거기를 거쳐 간 사람들은 너무너무 많을 거예요. 사진에도 남아 있지만, 그 방에 당신 생신 때 친구분들이 오시고 그랬지요. 사실 손님이 그칠 날이 없었어요. 해방 후에 당신이 활동을 하시게 되면서 내가 화실을 아침마다 청소하고 정리하고 그랬어요. 그림 그리신 날은 화구도 닦고 물을 갈고 방석도 깔아 드리고, 손님 오시는 날은 거기에 술상도 차려 드렸고요. 그러니 다른 방은 조금 변해도 상관이 없는데 화실만큼은 제대로 살아났으면 좋겠어요. 우리 입장에서는 종로구청이 그만큼 해주신 것도 크게 고맙기는 하지만요."

고희동이 휘문과 중앙학교에서 미술 교사를 할 때 미술계에서는 누가 원서동 집을 출입했는지, 제자가 누구였는지 궁금했다. 고희동은 이때 이미 안중식, 조석진 등과 함께 서화협회를 결성했다. 그리고 다음 해인 1919년 11월에는 양화연구소인 고려화회를 개소한다. 장소는 종로 기독교청년회관이었다. 저자는 고희동이 서화협회를 결성할 때 같이 했던 사람은 누구이며, 고려화회를 누구와 함께 개소했는지를 알고 싶었다. 그러나 고계본은 이에 대한 기억이 없었다. 그도 그럴 것이 태어나기도 전의 일이기 때문이었다.

다만 고계본은 들은 기억을 되살려서 서화협회를 결성했던 당시와 고려화회의 개소에 대해서 말을 이어갔다. 아버지가 원서동 집으로 이사하고 나서 바로 양화연구소인 '사랑방'을 열었다고 했다.

"고등보통학교 학생 예닐곱 명이 데생을 하러 드나들었는데 이름은 별로 생각이 안 나요. 누가 있었는가 하면, 우선 장발(張勃)[30] 이 있었어요. 그 외에는 생각이 나지 않네요."

[30] 장발(1901~2001)은 서양화가이며, 서울대 미대 교수와 학장을 지냈다. 제2공화국 국무총리를 지낸 장면의 친동생이다.

〈사진 26〉 고희동의 종가 자리인 수송동 64번지에 들어섰던 수송보통학교(수송국민학교
의 전신)는 1922년 4월 1일 개교했다가 대화재가 나서 1977년 2월 28일 폐교했다. 옛 수
송국민학교가 쓰던 건물은 일부가 지금도 남아 있으며, 현재 종로구청이 사용하고 있다.

고령으로 희미해진 고계본의 기억은 아버지한테서 말로만 들었던 학생들의 이름까지 회상하기에는 무리일 것이다. 여하튼 그동안의 자료를 정리하면 다음과 같다.

　　고희동이 가르치던 학교의 제자 몇 명이 원서동을 집을 출입했는데, 이들이 중심이 되어 고희동을 추대하여 고려화회를 만든 것이다. 여기서 미술 공부를 했다고 알려진 이들 중에는 장발, 구본웅(1906~1953), 이제창(1896~1954), 안석주(1901~1950), 이승만(1903~1975, 휘문학교 출신으로 호는 행인) 등이 있었다. 1919년에 발족한 고려화회는 1923년 말 고려미술회로 확대되었다.

6·25 전쟁과 고희동
─ 아버지 수염을 자른 딸!

"그때 미리 준비해 놓은 대로 광목 고의에다 광목 적삼만 걸치시고 밀짚모자를 쓰고 나가셨어요. 옛날에는 행상 다니는 사람들이 짊어지고 다닌 망태기가 있었잖아요? 아이들이 '망태아범' 온다고 하면 제일 무서워했지요. 망태아범처럼 그걸 하나 짊어지고 어디로 쌀 얻으러 가는 것처럼 쌀자루를 넣고 동이 트지도 않았는데 그냥 나가시라고 가만히 소리 안 나게 문을 열어 드렸어요. 그러니까 저하고는 자세히 이런저런 말도 없이 그냥 손만 한번 잡아

보고 나가신 거예요."

이 이야기는 6·25 전쟁이 발발한 지 한 달 즈음에 고
희동이 피신하는 장면을 되살린 고계본의 회고담이다. 해
방 후 우익 미술계를 이끈 고희동은 북쪽에 찍혀 있는 요
주의 인물이었다.[31] 그러니 몸을 피하지 않으면 안 되었
던 상황에서 고희동 막내딸의 재치 있는 대피작전의 한
토막이다.

6·25 당시 고희동은 그가 직접 설계하고 지은 원서동
집에 살고 있었다. 그러나 서울이 북한 인민군 수중에 떨
어지자 그는 체부동에 있던 막내딸의 시댁으로 몸을 피했
다. 당시 고희동의 수염은 그의 트레이드마크였다. 수염
하면 고희동, 고희동하면 수염이었다. 그는 동경 유학 시
절부터 평생 수염을 깎은 적이 없었다. 그러던 그가 인민
군의 납치를 피해 도피하면서 막내딸로 하여금 수염을 자

31) 김일성이 "남조선 문화 예술인 중에 고희동과 장발은 도저히 용서할 수 없다."
고 납치를 명령했다는 말이 전해지고 있다.

르게 한 것이다.

고계본은 그때를 생생하게 기억한다.

"그때 아버지를 우리 집에 모시고 있었어요. 그런데 마냥 함께 계실 수는 없고, 또 우리 집도 서울 중앙에 있으니까 그네들(인민군과 그 협력자들)이 언제든 들이닥칠 수가 있고요.

그래서 아버지를 피신시켜 드려야 할 텐데, 어디로 모셔야 하나 하고 궁리를 했어요. 그러던 중 작은아버지(고희동의 동생인 고희승)가 친구분 소개로 수소문을 한 끝에 할머니 한 분이 딸하고 둘이 사는 도봉산의 암자 같은 집을 알아내서 그리로 가시도록 했어요. 6·25가 터지고 나서 우리 집에 한 달쯤 계시다가 7월 26일에 그곳으로 가시게끔 작은아버지가 알선을 해 놓으신 거예요.

내일 새벽에 작은아버지가 아버지를 도봉산 암자로 모셔가겠다는데 아버지를 바라보니 아무리 생각을 해도 안되겠다 싶었어요. 그 모습으로 바깥에 나갔다가는 바로

〈사진 27〉 우애가 두터웠던 고희동, 고희승 형제. 고희승은 고희동을 형이자 스승으로 모시면서 온갖 궂은일도 마다하지 않고 도와주었다.

눈에 띌 테니까요.

그때 제가 아버지의 손을 잡고, '아버지, 도저히 안 되겠으니까 수염을 좀 자르시지요. 이대로 나가셨다가는 한 발자국도 못 떼십니다.' 했어요. 그랬더니 처음에는 대답을 안 하시더라고요. 제가 자꾸 아버지를 붙잡고 '아버지, 우선 살아남아야 앞날이 있지 이대로 죽을 수는 없지 않아요?'고 했더니 이렇게 턱을 내미셨어요. 그래서 제가 수염을 잘라 드렸어요."

고계본은 아버지의 수염을 곱게 잘랐고, 자른 수염을 봉투에 넣었다. 섭섭한 기색이 역력한 아버지께 막내딸은 "아버지, 어떻게 합니까? 이렇게 해서라도 이 고비를 넘겨야지요."라고 했단다.

"아침에 진지라도 한술 뜨고 떠나시게 해야겠다 싶은데 남의 이목을 끌까 봐 부엌에도 못 가고 마루 아래에서 석유난로를 준비해 밥을 해 드리려고 쌀을 안쳐 놓았어요. 그러고는 잠시 잠이 들었는지 어쨌는지는 기억이 나지 않아요. 그런데 자정은 넘었지만 아직 새벽이 되지 않아서 깜깜한데 누군가 대문을 발로 들이차면서 문 열라는 큰 소리가 났어요. 그네들이 온 거예요. 이 밤만 넘기면 아무 일 없을 텐데 큰일 났다 싶어서 문을 안 열어주고 시간을 좀 끌었어요. 그때 우리 아버지는 안방에 계시게 하고 나는 건넌방에 있었고, 시어머니와 시아버지는 대문간 방에서 계셨어요. 사돈 영감님께 안방을 내드렸는데, 왜 그랬느냐 하면 안방에는 뒤쪽 광으로 나갈 수 있는 문이 있었거든요.

그러니까 유사시에는 그리로 나가시면 되겠다 싶어서 거기서 주무시게 했던 건데, 그들이 들이닥치니깐 그리로 부랴부랴 나가시게 했지요. 옛날 집들은 뒤쪽 광에 장작을 쌓아 놓고 그랬잖아요? 쌓아놓은 장작을 가만히 허물어뜨리고 그 속에 들어가시게 하고는 대충 장작을 다시 쌓았어요. 그러고 나서 얼른 숨을 고른 뒤 이부자리도 사람이 자던 것처럼 해놓고 그네들에게 문을 열어줬어요.

그랬더니 이 작자들이 구둣발로 들어와서는 이 방 저 방 뒤지면서 '왜 이렇게 식구도 별로 없는데 방방이 거처하느냐?'는 거예요. 그래서 내가 '날이 덥지 않느냐? 날이 더우니까 한 방에 한 사람씩 자느라고 그랬다.'고 했더니 이불을 떠들어보고 이번에는 부엌을 들여다보는 것이었어요. 부엌에는 뒤로 나가는 문이 있었어요. 이놈들이 부엌에 들어와 그 문을 열고 거기로 나가서 뒤지면 아버지는 꼼짝없이 붙잡히는데 이걸 어쩌나 했어요. 그랬는데 다행히 그네들은 플래시로 장작더미를 슬쩍 비쳐 보고는 가 버렸어요."

고희동은 동이 트기도 전에 동생과 만나기로 한 곳으로 나갔다. 딸은 아버지가 가시는 것을 오래 보고 있을 수도, 함께 갈 수도 없었다. 결국 문을 닫고 들어왔다. 모든 것을 운명에 맡기는 수밖에 없었다.

"작은아버지하고는 어디서 만나자고 두 분이 약속을

하신 거 같아요. 그래서 한 분은 우리 집에서 나가시고, 한 분은 몇 집 건너에서 나오셔서 제각기 걸어가시다가 미리 정한 장소에서 만나시기로 한 것 같았어요. 나중에 이야기를 들으니까 얼마큼 가니 앞서 가던 동생이 눈에 띄더래요. '너 왔느냐.' 소리도 못하겠고, 그냥 손만 스치고는 서로서로 거리를 두고 걸어가셨다는 겁니다. 이렇게 가슴 졸이면서 작은아버지가 앞서고 우리 아버지는 그 뒤를 따라 어찌어찌 도봉산까지 가시긴 가셨대요."

그때 고희동의 나이가 65세라고 했다. 그 나이에 고희동은 경복궁 옆 체부동에서 도봉산까지 걸어갔다는 이야기이다.

1·4후퇴와
부산 피난살이

"부산 피난 가서 살던 집은 계단을 40개나 올라가야 있었어요. 그 계단은 지금 생각해도 아찔해요. 경사가 무척 가팔랐지요. 내가 부산 피난 살면서 낳은 아이(이상돈)를 업고 어머니 아버지하고 어디를 갔다가 우리 집에 오려면 그 40계단을 올라와야 했지요. 그러면 당신들도 같이 올라오시면 될 텐데, 내가 아이를 업고 올라가는 걸 보면 뒤로 자빠질 것 같이 불안해서 밑에서 한참을 보고 계셨대요."

고희동 가족의 부산 피난 시절 이야기의 한 토막을 고계본은 이렇게 기억한다.

전쟁 통의 피난에 관한 이야기는 전후 세대들이 식상할 정도로 수도 없이 들어왔다. 중공군의 인해전술, '굳세어라 금순아'부터 시작해서 '영도다리에서 만나자' 등등. 하지만 당시를 살았던 사람들이 겪은 일은 어느 것 하나 같을 수 없고, 또 그렇다고 해서 고난이 저감될 수도 없다.

중공군이 전쟁에 개입한 것은 1950년 11월이었다. 그들은 파죽지세로 남쪽으로 밀고 내려왔다. 고희동 가족도 1951년 1·4 후퇴 때 서울을 떠났다. 당시 이들보다 조금 일찍 떠난 사람들도 있었고, 조금 늦은 사람들은 1·4 후퇴에 맞추어 떠난 것이다. 부산을 최종 목표지로 얼마나 걸릴지도 모르는 피난살이를 위해서, 또 맨몸으로는 떠날 수 없었기에 이것저것 가재도구를 싣고 떠나야 했다. 단출하게 한 가족만 피난을 떠나는 것이 아니라 일가친척까지 한꺼번에 이동하는 게 예사였다. 피난을 가야 하는 고희동 식구들도 대가족이 되었다. 큰 트럭을 한 대 구해서 고계본은 시집 식구, 친정 부모님, 친정 언니 오빠네 식구 등 대가족이 함께 떠나게 된 것이다. 그런데 빠진 사람들도 있었다. 고계본의 큰 형부이자 고희동의 큰 사위인 이근혁은 6·25 당시 이승만 정부에서 공보국장을 지내고 있었다. 이근혁은 정부가 피난 가는 마지막 날, 가족들을 남겨 놓고 황급하게 남하하는 정부 차량에 몸을 싣고 서울을 탈출했다. 고계본의 남편 이승우(이상돈의 부친)도 같이 피난을 갈 수가 없었다. 그는 1·4 후퇴로 가족이 부산으로 출발할 즈음에 제2국민병으로 징집되어 집에 없었던 것이다. 그래도 빌린 트럭에는 콩나물시루처럼 사람이 많았다고 고계본은 말한다.

이렇게 하여 부산에 도착한 대가족이 한 집에서 같이 살 수는 없었다. 각각의 가족들은 그들의 피난처를 갖게 되었는데, 고희동은 영도에 있던 아들(고홍찬) 친구의 집에 머물렀다. 고계본은 시집 식구들과 영주동에서 머물렀는데, 피난지 영주동 주소를 지금까지 기억한다. 그 집에서 아들 이상돈을 낳았기 때문이기도 하다.

〈사진 28〉 부산 피난 시절 태어난 외손자 이상돈을 안고 있는 고희동(부산 영주동, 1952년 말).

"영주동에서 낳았어요. 영주동 625번지."라고 한다. 호적에 이상돈의 출생지로 기록되어 있고, 번지수가 6·25와 같은 625번지라서 기억하기에 쉬웠다는 것이다.

부산 피난살이에 대해서 고계본은 다음과 같이 회고한다.

"영도에 우리 어머니 아버지가 계셨고, 나는 영도다리 건너편 영주동에서 살았어요. 40계단 위쪽이지요. 영주동에 시외삼촌이 살고 계셔서 그 동네에서 지냈어요. 영도에 사시던 어머니 아버지도 심심하시니까 영주동에 자주 왔다 갔다 하셨어요. 영도다리를 건너다니면서 다리가 올라가면 구경도 했어요. 아버지는 도봉산으로 피하실 때 수염을 자르신 뒤로는 기르지 않으셨어요."

지금 생각하면 정겨운 추억도 있는 듯했다.

"우리 아버지는 힘이 들어서 영도에서 영주동으로 매일 오시지는 못했지요. 하지만 나중에는 거의 매일 당신 외손자(이상돈)를 보러 오셨어요. 오셔서는 '아! 너 없었으면 내가 부산에서 어떻게 살 뻔했니!' 하실 정도로 부산 피난 생활 중에 태어난 외손자 들여다보는 것을 낙으로 삼고 사셨지요. 돌잔치도 영주동에서 했어요."

피난 시절 고희동은 다른 특별한 일은 하지 않았다고 한다.

"나도 부산에서 힘들기는 했어도 부모님을 다 모시고 갔으니 얼마나 다행이에요. 나중에 아이 아버지도 통영에서 찾아오고, 아이(이상돈)를 낳고 그랬지요. 우리 시아버지는 서울로 일찍 올라가셨어요. 서울을 다시 수복한 후에 일찍 가셔서 전에 살던 집에 계셨지요. 말하자면 그런대로 식구가 다 무사하고, 부산에서 비교적 편안하게 살다가 올라온 거지요."

이야기 중에 하나 빠뜨린 게 있다. 이상돈의 부친, 즉 고계본의 남편이자 고희동의 사위에 관한 이야기이다. 그는 가족들이 부산으로 내려올 즈음에 서울에서 제2국민병으로 소집되었다. 그런데 그 후로 전혀 소식을 들을 수 없었고, 행방조차 알 수 없었다. 그의 어머니(고계본의 시어머니)는 아들 소식이 올까 하여 서울 체부동 집에 남았다.

"영주동에 사시던 시외삼촌이 영도에 있는 약국에 약을 사러 갔다가 거기서 체부동에서 마주보고 살던 집의 남자를 만났어요. 그 양반이 반갑다면서 '승우 씨(이상돈의 부친, 고계본의 남편) 소식은 들으셨어요?' 그러더래요. '뭐 들은 것 있나요?' 하니 '끌려갔지요, 국민방위군으로.' 하더라는 거예요. 그때 국민방위군으로 간 것을 알았어요. 그 당시 아버지가 잘 아시는 김동익 박사가 군의관으로 높은 자리에 있었어요. 김 박사께서 수소문을 해서 서울에서 내려온 국민방위군들이 어디 있는지를 알아보니까 통영에 있다는 거예요.

그래서 시아버지가 통영으로 가셔서 아들을 찾은 겁니다. 어느 부대에 있다는 것까지 알고 가서 보시니 사람들이 언덕에 햇살을 받으며 쭉 늘어앉아 있는데, 앉아서 뭘하나 봤더니 옷 벗어서 이를 잡고 있었대요. 괜히 사람들 끌어다 놓고 하는 일 없이 고생만 시켰던 거지요."

국민방위군에 가 있던 고계본의 남편 이승우가 가족 곁으로 돌아온 것이다. 당시는 전쟁 중이라 이승우처럼 징집 연령이 지난 남자들도 제2국민병으로 소집하여 국민방위군을 편성했는데, 그들을 관리하던 국군 장교들이 국민방위군에게 줄 식량과 의복을 횡령한 사건이 일어났다. 그로 인해 징집된 사람들이 굶어 죽는 일마저 발생해서 결국은 해산했고, 책임자들은 처벌을 받았다. 이것이 '국민방위군 부정사건'이다.

고희동의 주치의 격이던 김동익 박사는 나중에 서울대 병원장을 지냈고, 1965년에 고희동이 뇌졸중으로 쓰러졌을 때 제기동으로 왕진 와서 위기를 넘기도록 했다.

폐허에서 건진
고희동의 금강산 그림

    부산에서 피난 생활을 하던 중 정전(휴전)이 되자 고희동 일가는 수복한 서울로 돌아왔다. 그런데 가족 모두가 서울로 돌아오기 전에 고계본의 남편이 잠시 서울을 다니러 갔다.

    필자는 중공군의 개입으로 서울이 다시 적의 수중에 들어간 후 '고희동 가옥'이 훼손되지는 않았는지 궁금했다. 황급히 부산으로 피난을 내려오면서 서울 원서동 집에는 그림이 남겨져 있을 가능성도 있었기 때문이다.

"남편이 어머니가 체부동 집에 계시니 서울을 다녀오 겠다고 그러셨어요."

국민방위군에서 돌아온 고계본의 남편(이승우)은 부산 영주동 집에서 가족과 함께 살고 있었다. 그가 서울 체부 동 집에 잠깐 다녀오려 한 것은 체부동 집에는 그의 어머 니가 아들 소식이 올까 하여 피난을 가지 않고 머물러 계 셨던 것이다.

"남편에게 서울 가거든 원서동 집도 한번 들러보라고 했어요. 별다른 기대는 하지 않았지만 그래도 궁금해서 요. 그 양반이 원서동 집에 가 보니까 아버지 화실이 쓰레 기통 같더래요. 벽장에서 나온 게 바닥에 온통 쏟아져 나 뒹굴고요."

중공군이 들어와서 서울이 다시 적의 수중에 들어갔을 때 원서동의 '고희동 가옥'도 엉망진창이 되었던 것이다.

〈사진 29〉 고희동의 금강산 〈삼선암도〉와 〈옥류동도〉로 만든 2폭 병풍(국립중앙박물관 사진 제공).

〈사진 30〉 1959년 고희동이 막내 사위를 위해 그린 〈춘광무한도〉(국립중앙박물관 사진 제공).

"남편이 그런 쓰레기 더미를 헤치고 들어가서 그림을 몇 폭 찾으셨어요. 그게 금강산 〈삼선암도(三仙巖圖)〉 2점과 〈옥류동도(玉流洞圖)〉 1점이에요.

이것을 부산에 가지고 와서 아버지께 드렸더니, 아버지가 남편에게 '자네가 찾았으니 자네가 갖고 있게나.' 그러신 거예요. 그래서 서울에 다시 돌아온 뒤 족자로 표구를 해서 우리가 갖고 있었어요.

그 그림이 뭐냐 하면, 아버지께서 금강산 그림만 가지고 전시회를 하신 일이 있었어요. 해방 후에 남북 왕래가 딱 막히니까 아주 낙담하셨어요. 그 전에는 금강산을 얼마나 많이 다니셨는데요. 그림 그리신다고 자주 가셨어요. 며칠만 안 보이시면 금강산 가서 스케치하고 오신 거예요. 그런데 남과 북이 갈리자, 이제 내 생전에는 금강산을 다시는 못 간다고 생각하신 거지요. 그래서 당신이 그동안 머릿속에 넣어 두었던 금강산의 모든 기억을 토대로 40점인가 50점인가를 크지 않게 소폭으로 그려서 전시회를 하셨어요."

고희동의 원서동 집 쓰레기 더미 속에서 나온 그림들에 대한 고계본의 이야기는 계속된다.

　　"그렇게 그린 그림들은 필요하신 분들이 가져가고 남은 것을 아버지가 둘둘 말아서 벽장에다 두셨던 모양이에요."

　　고희동이 전시회 뒤에 친구나 친지들에게 자신의 그림을 선물하고 나머지를 벽장에 넣어두었다가 급하게 피난을 떠나면서 그대로 두고 오게 되었다는 이야기이다. 인민군들이 원서동 집에서 머물면서 벽장 속에 있던 것들까지 마구 내팽개쳤는데, 그중에 금강산 그림이 몇 점 남아 있었던 것이다.

　　"우리 양반(남편)은 그림을 잘 모르세요. 나는 그냥 원서동 집에 들러서 한번 보고 오시라고 했더니, 용케도 그 쓰레기 속을 헤치고 족자로 말린 그림이 몇 점 보여서 그걸 꺼내 가지고 오신 거예요."

이렇게 해서 귀중한 고희동의 작품 세 점이 아슬아슬하게 지금까지 전해 올 수 있었다. 하지만 고계본에게 또 다른 아쉬움이 있다.

"그런데 지금도 내가 아쉬운 것이, 그 속에는 아버지의 몇 십 년 그림 역사가 다 있었을 거 아니에요? 아버지가 스케치한 것도, 또 완성된 작품도 더 있었을 거구요. 아버지의 유화(油畵) 작품도 거기에 있었을지 모르겠어요. 그런 생각이 들었지만 제가 남편에게 그렇게까지는 이야기를 안 했어요. 하지만 가져온 금강산 그림 3점을 보고서 '아! 거기에 뭔가 더 있었을지도 모르는데.' 하는 아쉬움은 있었어요. '고희동에게는 유화가 없다.'고 그러는데 내가 어려서 유화를 본 생각이 나거든요. 혹시 유화가 그 속에 있지는 않았을까, 그런 생각을 하면 지금도 아쉬워요.

그러면서도 한편 생각하면 다행이에요. 그래서 혼자서 이랬어요. '더 이상의 아쉬움을 갖지 말자. 그나마 가져온 것도 천만다행이다. 원서동 사정을 잘 모르는 남편이 그

〈사진 31〉 고희동의 1961년 작품인 〈사계산수도 8폭병풍도〉(국립중앙박물관 사진 제공).

나마 건져온 것도 다행이다. 그래도 그 쓰레기 속에서 가
지고 왔으니 다행이다.' 이렇게 생각을 했지요. 그것을 내
가 소중하게 다루었어요. 밀려서 뚫어진 것을 아버지 그
림을 평생 동안 표구해 주신 분한테 부탁해서 그림 두 쪽
을 병풍으로 만들어서 갖고 있다가 이번에 국립중앙박물
관에 기증을 했어요."

원서동 집에서 나온 〈삼선암도〉와 〈옥류동도〉로 만든 2
폭 병풍은 2005년 가을에 서울대박물관이 주관한 '고희
동 40주기 전시회'에서 대중에게 첫선을 보였다. 고계본
은 이 2폭 병풍을 역시 갖고 있던 사계절화 8폭 병풍과 함
께 2013년 여름에 국립중앙박물관에 기증했다. 기증을
받은 국립중앙박물관 관장은 김영나 교수였는데, 2005년
에 서울대박물관장으로 고희동 40주기 전시회를 기획한
바 있다. 김영나 중앙박물관장의 부친은 김재원 초대 중
앙박물관장으로, 초대 예술원장을 지낸 고희동과 친분이
있었다.

〈정자관을 쓴 자화상〉
전시장에 걸리다
—'동경미술학교 43인의 얼굴전'

고희동의 막내딸도 고희동의 일본 생활에 대해서는 거의 알지 못했다. 당시의 기록이나 전해 내려온 이야기도 거의 없기 때문이다.

고계본과의 대화에서 알 수 있는 것은 고희동이 동경미술학교를 1년 동안 휴학했다는 것이고, 부친 고영철의 타계와 같은 시기라는 점뿐이다. 여기서 고희동이 언제 유학을 떠났고, 언제 귀국을 했는지 재술할 필요는 없을 것이다. 다만 그의 부친이 타개한 해가 1911년으로 알려져 있으며, 그해에 고희동이 동경미술학교에서 1년간 휴학했을 것으로 생각된다. 이런 정황 속에서 고계본과 그의 아들인 이상돈, 그리고 필자가 이야기를 나누었다. 이야기는 필자가 먼저 꺼냈다.

"우리한테 중요한 게 고희동 선생님이 일본 도쿄의 어디서 거주하고 통학을 했는지 이런 걸 알고 싶은데요."

이 질문에 고희동의 외손자인 이상돈 교수는 "1년간 쉰 이유는 아마도 부친상 때문이었던 것 같아요."라고 일본에서의 생활보다는 그가 유학 중 조선에 잠시 들어왔던 부분을 대신 대답한다.

그렇다. 고희동은 1년간 휴학한 것으로 알려져 있다. 그리고 그것은 부친이 돌아간 해로 추정된다. 이상돈은 왜 휴학했는가에 대해서 부친이 타계했기 때문이라는 이유 외에는 찾을 수 없다고 말한다. 고계본도 동의한다.

이상돈은 1905년 을사늑약이 체결된 뒤로 "외증조부 (고영철)가 화병으로 벼슬도 그만두고 몇 년 사시다가 돌아가신 것"으로 전해 오고 있으며, "한일합병까지는 분명히 살아계셨고", "외조부가 학교를 1년 쉴 이유가 그것밖에는 없어요."라고 말한다. 이에 고계본은 "(자신이) 더군다나 막내니까 그 전 일은 전혀 모르지요. 혹시 큰 언니(고희동의 맏딸) 같은 사람이 이야기를 남겼으면 모를까요. 또 어려서 출가를 해서 나가 살았으니까 아는 것이 별로 없어요."라고 말하여 당시로부터 전해 내려오는 이야기가 별로 없음을 안타까워한다.

고계본이 전하는 아버지 고희동에 관련된 이야기도 많은 부분이 "아버지와 작은아버지 사이에 오간 이야기를 들은 것이 많고, 내가 실제 겪은 이야기 외에는 모두 들은 것들"이라고 말해서 실증적 조사가 더욱 절실함을 느낀다.

고희동의 일본 생활은 이미 100년 전의 일이고, 그 100년은 과거 어느 시대 100년보다 긴 시간이다. 그리고 고희동이 단순히 '일본에서 공부했다', 또 '한국 최초로 미술 유학을 했다'는 것은 굉장히 추상적이다. 하지만 구체

적으로 유학 중에 어디서 살았고, 지금 그 동네는 어떻게 변해 있고, 당시 어떻게 학교를 다녔고, 선생님은 누구였는가를 밝혀내야 피부에 와닿는 역사적 사실이 되는 것이 아니겠는가.

이제 고희동의 도쿄에서의 생활에 관한 문제로 좁혀진다. 즉 유학 비용에 관해서이다. 우선 이상돈 교수가 말문을 연다. "다 망해 가는 나라에서 미술을 공부하러 가는 사람에게 나라가 돈을 대줬다는 것은 상식에 어긋나는 것 같아요. 순종은 완전히 허수아비나 다름없었는데, 과연 나라에서 돈을 주었을까요?"라고 한다. 이에 고계본도 "이해가 안 가지요." 하면서 동의한다. 그러면서 이상돈은 "부친(고영철)이 보내주시지 않았겠어요?"라고 하면서, 대한제국 정부가 지원했을 가능성은 염두에 두지 않는다.

그러나 고희동의 부친 고영철은 1911년에 타계했다. 그렇다면 1915년까지 유학 생활을 계속한 고희동은 어떻게 유학 비용을 조달했을까? 이에 대해 고계본도 "그에 대한 애기는 들은 기억이 없어요."라고 답한다.

고계본은 다른 화제로 말머리를 돌린다.

"지난번에 오셨을 때 말씀드렸나요? 일본문화원에서 전시회를 한 것 말이에요. 오래전 일인데, 일본문화원에서 동경미술학교 졸업생 작품 전시를 한다는 기사가 신문에 난 것을 봤어요. 동경미술학교 같으면 내가 가만있을 수 없으니까 보러 갔지요. 일본문화원이 교동초등학교 가는 길 입구에 있어요. 우리 아버지를 비롯해서 작품이 전시된 한국 화가의 초상화가 모두 걸려 있었어요. 주최 측에선 방문자 중 연고자나 후손은 이름을 적어 놓고 가라고 하더군요. 그래서 '고희동의 4녀'라고 적었어요."

그것은 이미 25년 전 일이다. 당시의 신문기사를 찾아보니 '동경미술학교 43인의 얼굴전'이라는 이름의 전시회였다. 1989년 9월 18일부터 10월 17일까지 서울의 주한 일본문화원에서 열린 도쿄예술대학 한국인 졸업생 자화상전(自畵像展)으로, 도쿄예술대학이 창립 100주년을 맞아

연 것이었다. 동경미술학교는 전통적으로 학생들이 졸업할 때 논문 대신 자화상을 제출하도록 해서 학교에 보관해 두고 있다가 이처럼 특별한 행사가 있을 때 전시를 해 왔다.

이 전시회에 걸린 고희동의 그림은 동경미술학교의 졸업 작품인 〈정자관을 쓴 자화상〉이었다. 이 작품은 지금도 도쿄예술대학에 보존되어 있다. 이 자화상 전시회는 한국 화단을 뒤돌아보는 상당한 계기가 되었다. 특히 동경미술학교 출신들의 자화상은 한국 서양화의 역사에 큰 영향을 미쳤다고 평가되고 있다.

고희동과 4·19,
그리고 5·16

2013년 초겨울에 고희동의 막내딸 고계본을 다시 만나서 해방 후 고희동의 활동과 인간적인 면모를 들어보았다. 고계본의 큰아들이자 고희동의 외손자인 이상돈 교수도 자리를 같이했다.

필자 해방이 되고 난 후에 고희동 선생님은 어떤 활동을 하셨나요?

고계본 6·25 전쟁이 끝난 뒤 국전 초대 심사위원장을 하셨고, 초대 예술원장도 지내셨지요. 모두 '초대'였어요. 이후 국전 심사위원장은 여러 번 하셨어요.

이상돈 초대 예술원장을 하시면서, "내가 원로니까 초대만 한다."고 그러셨던 같아요. 그 다음에는 소설가 월탄 박종화가 예술원장이 되어서 1970년대까지 계속 연임을 했어요. 그러니까 외조부님은 자리에 대한 욕심이 없으셨던 것 같아요.

필자 1946년, 덕수궁 석조전에서 열린 해방 기념 문화대전람회에 출품하셨다는 이야기가 있습니다. 그해 12월에 동화화랑에서 조선미술협회 제1회 회원 작품전을 열었다는 기록도 있습니다. 1947년에 조선미술협회 조선미술연구원을 개설하고, 전국문화단체총엽합회[32] 회장으로 천거되었다는 기록도 있습니다. 이후에 미국을 방문을 하셨다고 합니다. 미국 여행에 관련된 이야기로 기억나시는 것이 있으신가요?

고계본   1949년 5월 23일인가 그랬어요. 그걸 왜 아는가
하면, 내가 5월 10일에 결혼을 했는데, 그해 5월에 출발
하셨거든요. 미국에 가셔서 무엇을 하셨는지는 모르겠어
요. 당신께서는 영어를 못하시기 때문에 궁하면 프랑스어
를 하셨다고 들었어요. 미국 사람들과 대화를 할 때에 말
이지요. 그랬더니 말이 통하더라고 말씀하셨어요. 옛날에
배운 프랑스어로 대화를 했다는 그런 이야기만 들었습니
다. 그때 여러분이 같이 가셨지요.

필자   당시 기록을 찾아볼 필요가 있겠습니다. 그 당시
미국에 가기가 쉬운 일은 아니었을 것 같은데요. 1949년
은 상당히 혼란한 시기가 아니었나요?

32)   1947년 2월 발족하여 1961년 해체한 문화단체 연합체. 민족 문화 유산을 지키
며 문화의 독자성을 옹호하고 세계 문화의 이념 아래 민족 문화를 창조할 목적
으로 결성된 문화 단체의 총연합회이다. 5·16 이후 해산되었으나, 그 후신으로
예총(藝總)의 결성을 보게 되었다. 약칭으로는 '문총(文總)'이라고도 한다.

〈사진 32〉 1954년 외손자 이상돈을 데리고 경복궁의 국전 전시장을 찾은 고희동.

전국문화단체총연합회 회장 자격으로 미국에 초청되었다
고 했는데, 이 단체도 사실은 해방 직후에 좌익 쪽에서 중
도로 넘어오는 과정에 있었던 것은 아닐까요? 그때에 조
선미술연구원을 개설하신 기록이 있습니다. 1948년에는
서울시문화상을 수상하셨고, 정부 수립 기념 전람회도 개
최하셨어요. 1949년에 문교부 예술위원회 위원장을 하셨
다는 기록도 있네요.

1949년부터 1959년까지 국전 심사위원 및 초대작가를
하셨습니다. 6·25 때 겪으신 일은 앞에서 다루었습니다.
1952년에 민주국민당[33] 상임위원을 역임하셨다고 되어
있습니다. 민주국민당이라면 민주당의 전신을 말하는 건
가요?

이상돈 그게 민주당의 뿌리예요. 인촌 김성수가 만든 한민

---

33) 1949년 2월 10일에 한국민주당의 후신으로 창당된 정당으로 약칭은 민국당이
다. 위원장에 신익희, 조남윤, 부위원장에 김도연, 이영준, 고문에 백남훈, 서상
일, 조병옥이었으며, 1955년 9월 19일 민주당에 흡수되었다.

당이 발전한 정당이지요. 나중에 민주당으로 이름을 바꾸지요. 외조부님과 인촌 김성수와는 인연이 깊으셨습니다. 1920년 4월 1일 동아일보 창간호 신문 전체와 동아일보의 제호(題號)를 장식하는 삽화를 그리셨고, 정식 기자를 몇 년 동안 하시면서 삽화도 그리셨어요. 그런 인연이 이어져서 해방 이후에 민주국민당에 간여하시게 된 것으로 알고 있습니다.

필자 그래서 1960년에 민주당 참의원이 되셨군요.

이상돈 그 중간에 외조부님이 이승만 독재에 반대하는 단체에 이름을 올리셨어요. 이승만 독재에 반대하는 지식인과 사회인사들의 운동에 참여하신 거지요.

필자 1955년에 민주당 민권수호연맹 위원장을 하신 기록이 있습니다.

이상돈 1957년부터 1959년까지도 그런 활동을 계속하신 것으로 알고 있습니다.

고계본 처음에는 이승만 대통령을 존경하셨는데, 이 대통령이 독재를 하는 바람에 멀어지셨어요.

이상돈 외조부님은 민주주의에 투철하셨던 것 같아요. 그런 연유로 장면 박사와 가까워지셨다고 봐야지요. 이승만 대통령을 따르던 무뢰한들이 장면 박사를 암살하려고까지 했던 시절이었어요.

고계본 그 즈음에 아들(고흥찬)이 사업에 실패해서 원서동 집을 내놓고 제기동에 있는 작은 한옥으로 이사를 하셨어요. 원서동 집을 나오시면서 상심이 크셨지요. 우리들도 그랬고요.

이상돈 제기동 집은 당시 종암동 로터리 근처에 있었어요.

그리고 4·19가 났지요. 4·19 이후 7·29 총선 때 참의원에 출마해서 당선되셨어요. 선거를 며칠 앞두고 한강 백사장 유세장에 갔던 일이 기억납니다. 당시 참의원 선거는 서울이 하나의 지역구인 대선거구제였어요. 서울에선 백낙준 박사가 참의원으로 당선되셨지요. 명망가들이 당선된 겁니다. 그리고 제1공화국 국회는 해산되고, 참의원과 중의원으로 구성되는 제2공화국 국회 개원식에서는 최연장자인 외조부님이 임시의장으로 사회를 보셨어요. 제가 그때 국회 앞에 세워 둔 지프 차 속에서 라디오 중계 방송을 들었어요. 초등학교 3학년 때 일입니다.

고계본 의원들 중에서 연세가 제일 많으시니까 임시의장을 하신 거지요. 그런데 장면 정권이 얼마 가지를 못했어요. 학생들이 투쟁해서 정권 만들어 주었더니 맨날 자리 싸움만 하다가 5·16이 났어요. 그때 아버지가 크게 실망하셨어요.

필자 민주당 정권 당시에 문화방송 허가를 받으셨더군요.

고계본 아이들 아버지(이상돈의 부친)가 전기 기술자인데다 민간 라디오방송을 하고 싶어 했어요. 그런데 허가가 안 나고 있었는데, 4·19 나고 민주당 정권 들어서서 관련 관청에서 차라리 아버지 이름으로 신청을 하는 게 어떻겠냐고 해서 아버지(고희동) 명의로 허가를 받았어요. 그런데 그게 혼자 힘으로 하기가 어려웠어요. 그런데 김지태 씨가 하겠다고 해서 넘겼고, 그게 결국 오늘날 문화방송으로 발전하게 된 거지요. 그 후에 아이들 아버지는 작은 무역회사를 운영했어요.

이상돈 김지태 씨한테 문화방송을 넘겼는데도 회장은 외조부님 이름이 그대로 있었고, 대표이사 사장만 김지태로 바뀌었어요. 문화방송이 5·16장학회로 넘어갈 때에도 회장은 그대로 외조부로 되어 있었어요. 김지태 씨가 민주당 신파 정치인들과 교류가 깊었고, 그 때문에 보복을 당한 측면이 있었다고 생각합니다. 외조부님도 장면 총리 등 신파 정치인들과 가까우셨거든요. 제가 듣기로는 당시 민주당 정부는 동아일보와 부산일보 둘 중 한 곳에만 방송 허가를 내주기로 했는데, 부산일보 사주인 김지태 씨가 이미 허가를 받은 문화방송을 인수해서 동아일보보다 선수를 쳤다는 겁니다. 동아일보와 부산일보는 모두 민주당 정권과 가까운 언론이었지만 사정상 한 곳만 서울 지역 라디오방송 면허를 주기로 한 것 같습니다. 동아일보는 박정희 정권 들어와서 라디오방송 허가를 얻게 되고, 먼저 방송을 시작한 김지태 씨는 군사정권에 그것을 헌납하게 되는데, 사실상 빼앗긴 거지요.

모든 것을 내려놓은
노년의 삶

고계본 민주당 정권 때 아버지는 뜻이 크셨는데 너무 빨리 끝나 버렸어요. 5·16 나고 무척 허탈해하셨어요.

이상돈 참의원이 되시고 나서 "여건이 나쁜 문화인들의 지위 향상을 위해서 내가 노력하겠다."고 의욕을 보이셨다는 기사를 읽은 적이 있어요.

필자 좀 더 활동을 하셨으면 좋았을 텐데 그랬네요.

1962년에 상배(喪配)하셨지요? 그런 다음에 천주교에 귀의하셨고요?

고계본 장면[34] 박사가 대부(代父)를 하셨어요. 세례명은 루가이셨지요. 5·16 후에는 그림을 많이 그리셨어요. 그런데 어머니가 돌아가신 후에는 그림도 못 그리셨어요. 평생을 함께하시면서 어머님의 보살핌을 받지 않은 게 없었으니 너무 허전하셨겠지요. 그림 작업을 하실 때는 어머니가 음식도 잘 해주셨어요. 그래야 힘을 내서서 그림을 잘 그리시니까.

이상돈 외할머니께서 돌아가신 후에 충격이 너무 크셨지요.

고계본 성당도 다니시고, 상도동에 있는 동생(고희승) 댁에

34) 장면(1899~1966)은 일제강점기에 미국 유학을 다녀온 뒤 동성상업학교 교장을 지냈고, 1948년 제헌 국회의원, 초대 주미대사, 국무총리 등을 지냈다. 신익희 등과 민주당을 조직하여 1956년 부통령에 당선되었고, 4·19 혁명 후 제2공화국의 국무총리를 지냈으나 5·16으로 실각했다.

가서 계시고 그러셨어요. 한꺼번에 다 무너진 심정이셨을 거예요.

이상돈 5·16에다가 얼마 후에 외할머니가 돌아가시고 해서 충격이 너무 크셨던 것 같아요. 이따금 우리 내자동 집에도 오셨어요.

고계본 그랬지요. 오셔서 주무시고 가시곤 했어요. 정일형 박사[35]가 우리 내자동 집에서 몇 집 건너에 사셨어요. 그래서 아버지가 우리 집에 오신 것을 정 박사님이 아시면 아버지를 초대해서 아침을 같이 드시고 하셨어요.

이상돈 제 기억에 정일형 박사님과 성당에도 한두 번 같이 가신 것으로 알고 있어요. 1964년 가을에 우리 집에 오셨

---

35) 정일형(1904~1982)은 일제강점기에 미국에서 유학한 뒤 미 군정기 때 군정청에서 일했으며, 대한민국 정부 수립 이후 야당에서 활약했다. 제2공화국에서 외무부 장관을 지냈고, 5·16 후에는 야당 의원을 지냈다.

을 때 성당에 가자고 하셔서 내가 모시고 갔다가 미사 시간이 안 맞아서 그냥 돌아오신 적이 있어요. 그날 성당 안에 들어가셔서 높이 걸려 있는 예수님 십자가상을 올려다보셨어요. 지금도 그 성당이 그대로 있어요.

고계본 사직공원에서 세종로로 내려가는 길에 그 성당이 그대로 있어요.

이상돈 세종로 성당인데, 당시는 내자동 성당이라고 불렸던 것 같아요.

고계본 우리가 살던 내자동 집과 가까웠거든요.

이상돈 1964년에 제가 경기중학교 들어갔을 때 외조부님이 "영어를 잘해야 한다. 잉글리시는 컴프리헨션뿐만 아니라 컴퍼지션과 컨버세이션도 해야 한다."고 그러셨어요. 독해뿐만 아니라 작문과 회화도 잘해야 한다고 하신 거지요. 또 "장박(張博)과 정박(鄭博)은 영어를 잘한다."고 그러셨어요. '장박'은 장면 박사, '정박'은 정일형 박사지요. 저한테 몇 번씩 그러셨어요.

필자 그래서 영어를 잘하셨군요!

이상돈 당시 우리 집안에 큰 이모가 독실한 천주교 신자였어요. 내 어릴 때 기억에 큰 이모가 외할머니한테 성당 나가시자고 권유하면 외조부님이 "사람은 자기 자신을 믿으면 된다."고 말씀하셨어요. 그래서 외할머니는 신앙을 갖지 못하신 채 운명하셨어요.

고계본 장면 박사가 아버지에게 성당 나가시기를 여러 번 권유하셨어요.

이상돈 외조부님이 고혈압이셨어요. 혈압 낮추는 약재를 끓여 드셨다고 들었어요. 의사가 볼 때는 굉장히 위험한데도 유지하셨어요.

고계본 그러다가 1965년 3월에 쓰러지셨어요. 그리고 그해 10월에 돌아가셨어요. 쓰러지셨을 때 동네 김내과 의사가 와서 보더니 혈압이 200 얼만데 이 혈압에는 누구든지 버티지를 못하는데 심장이 튼튼해서 이렇게 유지하고 계시다고 그랬던 것 같아요. 말을 못하거나 그러시지는 않았는데, 조금씩 나빠지시더니 결국 가을에 돌아가셨어요.

이상돈 3월에 쓰러지셨을 때 어머니가 먼저 제기동 집으로 가시고, 나는 학교 끝나고 갔었어요. 그러자 장면 박사님이 문병을 오셨어요. 그때 기억이 너무 생생해요. 1965년 3월이었으니까 한일협정 반대와 월남 파병 반대 데모가 심할 때였어요. 두 분이 그런 이야기를 몇 마디 하시면서 시국을 걱정하시는 것 같았어요.

고계본   그때 쓰러지시면서 마지막으로 쓰신 글이 있어요. 인생을 거두면서 소감을 남기신 글이지요. 그리고 서서히 나빠지셨어요. 우리 형제들이 날마다 교대로 지켰어요.

이상돈   1964년 10월에 외조부님이 내자동 집에 오셨을 때 정일형 박사 댁을 거쳐서 성당에 모시고 갔었는데, 그때 "내가 내년을 못 넘길 것 같다."고 그러셨어요.

고계본   10월 22일에 운명하실 때 내가 곁에 있었어요. 마침 집 앞을 지나가던 수녀님이 들어오셔서 종부성사를 해 주셨어요.

필자   이 교수님이 보시기에 정치적 성향이라고 할까요, 그런 부분이 고희동 선생님은 어떻다고 보십니까? 민족적인 성격이랄까요?

이상돈   일제강점기 때도 시종일관 외조부님은 일본은 패

망한다고 생각하셨던 것 같아요. 해방 후에는 민주주의를 추구하셨던 분이지요. 그래서 이승만 대통령을 나중에 싫어하신 거구요.

고계본　일제 말에 태평양전쟁을 보면서 일본이 어떻게 미국을 이길 수 있느냐고 항상 그러셨어요. 일본은 결코 미국을 이길 수 없다고 그러셨어요. 일제 말기에 총독부에서 중추원 참의를 하라고 몇 번이나 강권했지만 뿌리치셨지요. 그것 하면 생활비가 나왔어요. 춘원 이광수와 육당 최남선이 아버지에게 "먹고 살아야 할 게 아니냐?"며 중추원 참의를 권하자 당신께서는 "나는 차라리 굶겠소." 하셨대요. 그래서 두 분이 "춘곡은 아사주의(餓死主義)요?" 하자 "그렇소, 나는 아사주의요." 하고 받아쳐서 두 분이 그냥 돌아갔다는 겁니다.

이상돈　해방 후에도 외조부님이 살아 계실 때는 친일 했던 미술가들이 국전에나 예술원에 발을 들이지 못했어요. 대

〈사진 33〉 1965년 10월 26일 명동성당에서 거행된 고희동의 영결미사. 상복을 입은 세 명의 사위와 양복을 입은 장손 고중청.

표적 친일 화가인 이당 김은호가 예술원 회원이 된 것도 외조부님 돌아가시고 난 후예요. 외조부님 돌아가신 후에 친일파들이 컴백한 거지요.

고계본 아무튼 의지가 굳고 곧으신 분이에요. 마당에 벽돌 한 장이라도 똑바로 놔야 하고, 댓돌에 신발도 똑바로 놔야 했어요. 생활면에서도 뭐든지 똑바로, 바르게 하라고 그러셨어요. 그래서인지 후손들도 대부분 그러한 성격들을 가지고 있어요. 옛날에 당신 자라실 때부터 그랬나 봐요. 무슨 일이 있어서 아버지께 호출을 당해서 형제들이 쭉 앉으면 그러셨대요. "너두냐?"고요. 가장 믿었던 아드님이시니까 "너까지 그러면 어떻게 하느냐."고 그러셨다는 거예요. 할아버님도 곧은 분 같아요.

필자 할아버지라면 고영철 선생님을 말씀하시는 거군요. 그분 성격을 이어받아서 어른께서도 성격이 칼칼하셨구요. 그리고 간송 전형필 선생에게 고미술을 수집하라고 하신 분이 춘곡 선생님이라고 하더군요.

고계본 간송미술관에 대해서는 내가 어렸을 때 들은 것이
있어요. 그 집이 대지주였잖아요. 그래서 우리 아버지가
그러셨대요. "문화재를 모으는 뜻있는 일을 한번 해 봐
라." 하고요. 많이 조언하셨다고 들었어요. 당신이 그런
방면으로 생각도 있으셨으니까요.
간송미술관에 최 아무개라는 어르신 계시죠? 아직 살아
계시지요? 미술관 관장으로 계시던 분이 아닌가 하는데
요. 그분도 그런 말씀을 하셨어요. 아버지가 간송한테 그
런 일을 한번 해 보는 게 좋겠다고 했다는 겁니다. 그런데
그게 쉽지 않잖아요. 재력도 있어야 하고, 또 본인의 뜻이
있어야 하니까요. 우리 아버지가 간송 그 사람 같으면 그
런 일을 할 수가 있겠다고 해서 말씀하신 거래요.

필자 간송미술관에 소장되어 있는 춘곡 선생님 그림은
없나요?

고계본 거기에 소장되어 있는 게 있지요. 청계천 빨래터 그림이에요. 그게 〈청계표백(淸溪漂白)〉이고, 1915년의 작품이지요. 아버지와 전형필 씨와의 관계는 아주 특별한 관계셨어요. 내가 어려서 직접 본 것이 아니라 자라면서 귀동냥으로 들은 거지만요.

이상돈 외조부님은 타고난 건강 체질이셨나 봐요. 운동 같은 것을 평소 안 하시는데도 건강하셨어요.

고계본 타고난 기질이 있으셨겠지요. 그리고 당시에는 운동 같은 거 누가 했나요? 걸어 다녔으니까 건강한 거지요. 당시는 탈것이 별로 없으니까 다 걸어 다녔어요. 원서동에서 어디를 가려면 비원 앞까지 걸어 나와야 했으니까 그게 운동이 되셨을 거예요. 내가 체부동에 살 때에도 원서동에서 걸어서 체부동까지 오셨으니까.

이상돈 그게 제법 되는 거리예요.

고계본 6·25 전쟁이 나고서도 비가 부슬부슬 오는데 걸어서 우리 집에 오셨어요. 옛날 사람들은 걸어 다니는 게 운동이었어요.

이상돈 외조부님께서 음식이나 약주 중 특히 좋아하신 게 있으셨나? 의복도 한복을 좋아하셨지요.

고계본 평생 한복을 입으셨어요. 1960년 여름 참의원 선거에 출마하셨을 때인데, 한강 백사장에 유세하러 나가시면서 비가 오는데도 모시 두루마기를 입고 가셨어요. 늙은 마누라가 이렇게 해서 내보냈는데 비가 와서 큰일 났다고 그러셨대요. 평생 한복이셨어요. 여름에는 모시 저고리와 바지에 모시 두루마기까지 모두 한복이었어요. 그것을 어머니가 평생 갖춰 드렸으니까.

필자 그때는 한복을 집에서 만들어 입었나요? 빨래하고 다리미질하는 게 보통 일이 아닌데요.

고계본 집에서 했죠. 옛날에는 어지간한 집에선 사람이 죽으면 수의도 집에서 꿰매서 만들었어요. 우리 어머니 돌아가셨을 때도 그랬어요. 아버지 돌아가셨을 때엔 장의사에서 맞춰 왔지요. 집에서 바느질 잘하는 게 미덕이었어요.

한복을 세탁하고 다리는 게 보통 일이 아니죠. 다리미에다가 숯불 켜고, 한 사람은 붙들어야지요. 모시는 더 힘들어요.

필자 양복은 거의 입지 않으셨나요?

고계본 미국 가실 때 처음 한번 해드린 거예요. 그 다음에도 종종 입으셨죠. 그리고 참의원 출마할 때도 해 드렸고요. 공식 석상에서나 양복을 입으셨지 평상시에는 절대로 한복이셨지요. 그러니깐 아버지 초상화도 한복 차림이에요. 언젠가 내가 그랬어요. "아버지는 동경까지 가셔서 공부를 하셨으면서 초상화는 맨날 한복 입고 있는 걸 그리셨냐?"고 했더니, "내가 한국 사람인데 그럼 뭘 입느냐?" 그러시더군요. 그래서 평생 한복을 입으셨어요.

필자   사실 옷을 입는 분은 그렇다고 하지만 뒷바라지하는 분이 여간 힘든 게 아니었을 텐데요?

고계본   우리 어머니 고충은 말도 못해요. 우리 올케도 고생 많았어요. 게다가 미식가셨어요. 하지만 많이는 안 잡수셨어요.

필자   대개 성격이 곧으신 분들이 음식을 많이 안 하시지요.

고계본   조끔 잡수셨지요. 우리 어머니도 음식 솜씨가 좋으셨어요. 그러니까 평생 칼을 놓지 않고 사셨지요. 연세가 많아 거동이 불편해지셔서는 툇마루에다 도마하고 칼을 놓고 음식을 하셨어요. 칼이 하도 닳아서 휘어 보였다고

〈사진 34〉 평생 현모양처의 삶을 살다가 남편 고희동보다 3년 먼저 세상을 떠난 부인
조씨. 1962년 1월에 새해를 맞아 부부가 함께 찍은 마지막 사진이다.

해요. 그러던 마나님께서 먼저 가셨으니까 잡수시는 거며 입는 거며 힘들어 하셨지요.

필자 손님 오시면 음식이나 차 그런 것을 준비하셨나요?

고계본 차를 참 좋아하셨어요. 중국의 화차를 당신이 준비해 두고는 화롯불에 주전자로 물 끓이다가 누가 오면 그것 조끔 넣어서 권하셨어요. 방에 다기(茶器)가 있었어요. 원서동 집에선 내가 아침이면 다 씻어서 갖다 놓고, 출타하시면 또 씻어서 갖다 놓고, 내가 그 시중을 들었어요. 한편 생각하면 아랫사람들은 힘들어도 당신은 낭만적인 생활을 하신 풍류객이라고 할 수 있어요. 그렇게 지내셨으니까 누가 옆에서 잘못된 이야기를 했다가는 난리가 나요.

필자 그런 분위기에선 허튼 소리가 나올 수가 없겠네요. 그런 소리 나오면 진짜 난리가 나겠어요. 고희동 선생님께서 친한 분들과 술자리를 하면서 그림을 그리셨다는 이야기를 들었는데, 약주는 잘 하셨어요?

고계본 술을 좋아하셨어요. 애주가셨지만 폭주를 하시거나 몸을 못 가눌 정도로 드시는 경우는 없었어요. 반주를 꼭 하셨어요. 소주는 안 드셨고, 주로 청주를 따뜻하게 데워서 드셨어요.

필자 좋아하신 꽃이 있나요? 난을 특별히 그리거나 하시지는 않았나요?

고계본 꽃을 좋아하셨지요. 꽃을 그리시니까. 동양란을 한두 분 놓고 항상 이파리를 닦아주시면서 좋아하셨어요. 겨울이면 수선화를 기르셨어요. 수선화 기르시던 받침대가 나한테 있어요. 겨울에 물 위에 꽂아 놓으면 대가 올라와서 꽃을 피우는 수선화를 이뻐하셨어요. 그 당시에는 겨울에 꽃이 달려 있었나요. 그런데 난을 그린 그림이 있는지는 모르겠어요.

1886년   3월 11일(음), 서울 관수동에서 고영철의 4남 중 3남으로 출생.

1899년   관립 한성법어학교(漢城法語學校) 입학.

1901년   결혼.

1904년   궁내부 광학국 주사로 관리 생활 시작. 한성법어학교 졸업.

1905년   궁내부 외사과로 옮겨 프랑스어 통역 및 번역 일을 함. 이즈음 이도영(李道榮)을
          알게 됨. 안중식(安中植)과 조석진(趙錫晉)에게 사사(師事).

1908년   궁내부 장례원 예식관이 됨.

1909년   2월, 장례원 예식관 신분으로 동경미술학교 유학.
          9월, 동경미술학교 서양화과 입학.

1915년   4월, 동경미술학교 졸업. 귀국.
          동경미술학교 졸업 작품 〈정자관을 쓴 자화상〉, 〈부채를 든 자화상〉, 〈자매〉 제
          작. 매일신보에서 '서양화가의 효시'로 고희동을 소개.
          8월, 조선총독부 주최 조선물산공진회 전시회에 〈가야금 타는 여인〉 출품. 중
          동·중앙·보성·휘문 등의 사립학교에서 도화교사로 근무.

1918년   원서동 16번지로 이사.
          6월, 서화협회(書畵協會) 결성(회장 안중식, 총무 고희동).

1919년   11월, 양화연구소인 '고려화회(高麗畵會)'를 종로 YMCA에서 개소.

1920~   동아일보에서 기자로 근무. 동아일보 창간호에 삽화를 그림.
1922년

1921년   서화협회 제1회 전람회(협전)를 중앙학교에서 개최.
          10월, 서화협회보 창간호 발행.

1922년   3월, 서화협회보 2호 발간. 제1회 조선미술전람회에서 〈어느 뜰에서〉로 입선.
          8월, 일본을 방문. 스승 구로다 세이키에게 서한을 보내 만나고자 함.

1924년   조선미술전람회 참가.

1933년   조선견직회사를 상대로 본인이 제작한 보자기 무늬 도안에 대한 보수 청구 소송
          제기.

1936년   제15회 서화협회전 개최.

1937년   4월, 조선미술원 개관전에 출품.

1940년   3월, 중국 북경에서 조선미술관이 개최한 '조선명가서화전람회(朝鮮名家書畵
          展覽會)'에 출품.
          5월, 조선미술관이 개최한 '십대가산수풍경화전(十大家山水風景畵展)'에 출품.
          11월, 개인전 개최, 제1회 조선남화연맹전람회에 참가.

1941년   4월, '조선예술상' 수상.

11월, '동양화가 신작전'에 출품.

12월, '세말구제서화즉매회(歲末救濟書畵卽賣會)'에 출품.

1945년 8월, 조선문화건설중앙협의회 산하 조선미술건설본부의 중앙위원장으로 선출. 조선미술협회 회장 역임.

1946년 10월, 덕수궁 석조전에서 열린 '해방기념축전 미술전'에 출품.

11월, 동화화랑에서 조선미술협회 제1회 회원 작품전 개최.

1947년 조선미술협회 조선미술연구원 개설. 전국문화단체총연합회 회장으로 천거됨.

1948년 제1회 서울시 문화상 수상(수상작 〈탐승(探勝)〉).

한민당 상임위원 역임.

1949년 문교부 예술위원회 위원장 역임. '대한민국미술전람회(국전)' 심사위원장. 한미 친선 민간사절로 미국 방문.

1949~ 제1~8회 국전 심사위원 및 초대작가.
1959년

1951년 1월, 부산 영주동으로 피난.

1952년 국민당 상임위원 역임.

1953년 7월, 정전과 함께 서울로 귀환.

대한미술협회 회장 역임.

1954년 문화보호법에 따라 선출된 예술원의 종신회원 겸 초대 회장 임명.

〈신천지〉 2월호에 '나와 조선서화협회 시대' 기고.

1955년 제2회 대한민국 예술원상 수상. 민주당 고문, 민권수호연맹위원장 추대.

1957년 개인전 개최. 중앙공보관, 홍익대학교 명예교수 역임.

1959년 제6회 대한민국 예술원상 수상.

1960년 민주당 공천으로 참의원 선거에 출마해서 당선. 원서동 고희동 가옥 매각, 제기 동으로 이사.

1962년 대한민국장 수상.

1965년 10월 22일, 타계. 예총장 거행.

———

1972년 '한국미술 60년전'에 자화상 2점 전시.

1997년 '교과서 미술전(예술의전당)'

1998년 '정부 소장 미술품 특별전(국립현대미술관)'

1998년 '한국근대미술 수묵, 채색화―근대를 보는 눈(국립현대미술관)'

2000년 '2000년에 보는 20세기 한국미술 200선전'(고려대학교 박물관)

2005년 '춘곡 고희동 40주기 특별전(서울대학교 박물관)', '동양미술전(미국 샌프란시 스코 아시안 미술관)', '한국현대미술전(미국 뉴욕월드하우스 갤러리)'

우리나라 최초의 서양화가
춘곡 고희동

초판 1쇄 발행 | 2014년 10월 21일

지은이 | 김란기
발행인 | 승영란 · 김태진
마케팅 | 함송이 · 이보혜
디자인 | 여상우
출력 · 인쇄 | 애드샵프린팅
펴낸곳 | 에디터
주소 | 서울특별시 마포구 마포대로14가길 6(공덕동 105-219) 정화빌딩 3층
문의 | 02-753-2700, 2778 FAX 02-753-2779
등록 | 1991년 6월 18일 제313-1991-74호

값 10,000원
ISBN 978-89-6744-070-1   03990